Aurélienne Dauguet

CRÉER UNE NOUVELLE IMAGE DE SOI

MERANO-VERLAG

Aurélienne Dauguet

CRÉER UNE NOUVELLE IMAGE DE SOI

MERANO-VERLAG

Conception de l'enveloppe, illustration : Aurélienne Dauguet

Corrections : Enora Delord

Ce travail est le résultat d'expériences et d'observations énergétiques, philosophiques et métaphysiques de l'auteur. Les recommandations contenues dans ce livre ont fait l'objet de recherches approfondies. Néanmoins, l'application des exercices est entièrement la responsabilité individuelle de chaque individu et de son libre - arbitre. L'éditeur et l'auteure n'assument aucune responsabilité pour leur effet.

Informations biographiques de la Bibliothèque nationale allemande:

La Bibliothèque nationale allemande enregistre cette publication dans la Bibliographie nationale allemande; des données bibliographiques détaillées sont disponibles sur Internet via http://dnb.dnb.de.

Production: BoD - Livres à la demande, Norderstedt

Bibliografische Information der Deutschen Nationalbibliothek:

Die Deutsche Nationalbibliothek verzeichnet diese Publikation in der Deutschen Nationalbibliografie; detaillierte bibliografische Daten sind im Internet über http://dnb.dnb.de abrufbar.

Herstellung: BoD - Books on Demand, Norderstedt

ISBN: 978-3-944700-27-4 (Livre de poche)

ISBN: 978-3-944700-47-2 (livre électronique)

Contenu

Introduction

Avec une conscience croissante, l'homme réfléchit de plus en plus sur son apparence, son comportement, sa raison d'être et son être.

Bien sûr, l'homme peut assumer un rôle ou un comportement comme il met un costume issu directement de l'usine sur mesure : le langage, la coiffure, les chaussures, les habitudes, la façon de rire, la pensée et ainsi de suite.

Mais certaines questions se posent à une époque où les défis à la confiance en soi et à la conscience collective se réveillent. Tout est remis en question, rien n'est tenu pour acquis, beaucoup de choses ne sont plus valides, d'autres ne sont plus vraies et certaines choses n'ont jamais été en ordre de toute façon.

En ce qui me concerne ? Oui, même en ce qui me concerne ! Où le changement est-il approprié, possible, urgent, indispensable ? Oui, alors allez-y !

Mais ce n'est pas si rapide ! Par où dois-je commencer ? Je sais ce que je ne veux plus, mais qu'est-ce que je veux vraiment ? Tant de résistances, d'obstacles insurmontables, pas de force, trop compliqué, je suis bloquée, rien n'est possible ou trop rapide ?!

Au-delà de la façon dont les choses nous apparaissent, il y a une profonde transformation alchimique, pour laquelle l'homme porte la responsabilité, l'autodétermination et la mission divine.

L'homme est incarné pour exprimer, déployer et affiner son être.

Nous allons maintenant étudier ce processus sous différents angles.

CHAPITRE 1 : LA NÉCESSITÉ DE CRÉER UNE NOUVELLE IMAGE DE SOI

a) Changements dans le temps présent

La vie, c'est le changement. Ce dicton est sur les lèvres de chacun, seulement depuis le XXIe siècle.

Après la Seconde Guerre mondiale, en revanche, les gens aspiraient à la stabilité, à la constance et aux projets à long terme.

L'exigence sociale de rester dans le même lieu de travail toute une vie, dans le même pays, n'en est pas moins un scénario d'horreur pour les générations après les années 60 du XXe siècle. Pas pour tout le monde, bien sûr. Beaucoup adoptent le concept de la génération plus âgée et poursuivent une carrière sûre avec les avantages et les succès qui en font partie.

D'autre part, « les instables », ou « les aventuriers » saisissent les possibilités des phases propices au changement: les occasions de voyager, l'abondance des postes vacants et la liberté dans l'espace ainsi que dans les rencontres interpersonnelles. Le droit, mais aussi l´obligation de travailler sont ancrés et nécessaires pour reconstruire le pays et la vie sociale. Il y a une multitude d'emplois et l'éventail correspondant d'options de logement qui accompagnent le désir généreux de changement.

Plus tard, une restriction économique émerge. Les restrictions engendrent des pénuries de logements et d'emplois. L'économie de marché dicte des emplois temporaires et à court terme qui servent le système, mais pas les besoins de la population. On doit être flexible jusqu´à rompre pour répondre aux exigences du travail. Vous avez de la chance si vous n'avez pas à faire des heures supplémentaires tout le temps et que vous n'êtes pas victime d'intimidation. Puis, vous pouvez également être congédié avant la retraite, parce que vous êtes trop vieux, trop lent pour le travail, qui n'est tout simplement plus rentable. Vous ne serez même pas toléré pendant quelques mois jusqu'à la retraite : non, il faut partir. On n´a plus besoin de vous, et les clients ? Ils apprennent du jour au lendemain : « À partir de maintenant, cette succursale est fermée. Votre guichet le plus proche se trouve à la gare principale ». De sang-froid. Inhumain. Froidement calculé.

Certaines personnes en sont psychologiquement brisées. Ne seriez-vous affecté pas si vous étiez jeté après une vie d'employé, comme un vieux meuble ou quelque chose qui n'est plus utile ? De quoi se plaindre ? Vous aurez toujours deux mois de plein salaire ! Peut-être pas, non plus. Allez-y, partez, nous n'avons plus besoin de vous : « Vous n'êtes plus rentable, on a pressé la dernière goutte du citron !»

Bien sûr on aura inculqué aux jeunes des comportements qui les rendent soumis - pardon – flexibles et prêts à adopter toutes sortes de règles afin d'obtenir un emploi. Ils sont avides d'emploi permanent malgré les conditions précaires, mal payées et presque inhumaines (entre autres: heures et locaux de travail, rythme de travail, des ondes qui rendent malade, et ainsi de suite).

Nous vivons dans une abondance de choses, d´habitudes et de lois inutiles, mais il n'y a pas de travail décent qui permette une vie digne pour tout le monde.

Donc, vous devez avoir de l´imagination pour trouver quelque chose avant que l'entreprise qui fait des profits incroyables, doive supprimer des emplois. Ou vous êtes convoqués à l'autre bout du pays. Relocalisation, séparation possible de l'école, de la famille et du cercle de connaissances. Vous êtes déchiré de ce que vous avez construit, de votre propre rythme de vie, d´un quartier bien-aimé, de votre maison de rêve, de votre pays d'origine ou de votre famille.

Ces changements peuvent être une bénédiction et offrir de nouvelles opportunités. Si possible, on devrait les considérer sous cette perspective dès le début pour en tirer le meilleur parti. Je n'ai rien contre le changement et de nouveaux horizons, au contraire. Mais quand les brèches dans la vie d'une personne sont impitoyablement initiées par la cupidité pour le profit, l´homme est mal servit. J'aimerais avoir des chiffres précis de l'économie. Précisément de cette économie, qui est autrement si désireuse de fournir des chiffres pour chaque futilité. Mais elle ne publie jamais combien de personnes à travers le monde sont rejetées ou bloquées, de sorte que les bénéfices augmentent d´une courbe infinie vers le haut.

Combien de personnes perdent leur gagne-pain, comment et où. Ce qui m'intéresse, ce sont les nombreux destins et les relations humaines: comment les gens se sentent avant d´être licenciés - le choc qu´ils ressentent lorsqu´ils obtiennent les nouvelles du licenciement, ce qui arrive aux chômeurs, combien il leur faut de temps, pour trouver un nouveau terrain et oser un nouveau départ. Et pas seulement sociologiquement avec de nouveau des chiffres, mais aussi les histoires personnelles, les coups de chance, mais aussi les drames: Je voudrais en savoir plus à ce sujet. Y a-t-il une étude qui inclut l'interaction humaine et les expériences personnelles?

De nombreux changements de cette époque sont initiés par les circonstances économiques décrites ci-dessus: la construction va de pair avec le travail et se caractérise par un sentiment de liberté, d'abondance et de prise de décision. Il y a maintenant une phase de pénurie, de manque, de coercition causée par des mesures économiques et spéculatives qui n´ont aucune éthique et méprisent le vivant. Maintenant, un autre vent, un différent esprit du temps souffle.

En conséquence, il y a des motivations différentes et une attitude différente envers la vie. Pendant la phase de reconstruction, les opportunités étaient disponibles pour tout le monde, actuellement peu d'occasion pour beaucoup. Il faut changer pour survivre, parce que le pays d´origine est détruit ou parce qu'il n'y a pas d'avenir pour les gens dans ces régions du monde.

Alors que font-ils ? Ils s'installent où il y a davantage de perspectives, où la nourriture est abondante, où la paix règne, où il y a des perspectives de formation, de travail, pour mener une vie humaine. Ou du moins là où les conditions quotidiennes sont raisonnablement meilleures. D'autre part, ils fuient des situations terribles. C'est exactement ce que nous, vous et moi, ferions si nous étions confrontés à des événements similaires, n'est-ce pas ?

Fondamentalement, l'agitation sur terre est grande : il y a beaucoup de mouvement et ceci pour des raisons variées. La passivité n'est plus à l'ordre du jour, mais l'homme entreprend quelque chose, même s´il met sa vie en danger. Il risque la mort pour survivre. Le désespoir est si grand. Et il a découvert qu'il a le droit au bonheur, qu'il a le droit à l'accomplissement, à la justice, à la paix, au respect. N'est-ce pas le cas?

Il y a aussi des changements qui découlent de l'éphémère. La chose tant attendue, ce que l'on voulait vraiment atteindre ou obtenir, devient inintéressant quand le souhait est comblé Ensuite, l'appartement devrait devenir plus grand, on veut déménager dans un quartier meilleur. Les exigences croissent et éveillent de nouveaux désirs. C'est le reflet de l'évolution perpétuelle. Cela peut devenir une avidité pour le "jamais assez". Mais ce sont aussi les souhaits, le besoin de les remplir et les espoirs qui nous animent.

Entre autres choses, nous sommes sur Terre pour créer des réalités. L'envie créatrice avec ses visions et ses efforts nous pousse à réaliser nos mondes intérieurs. Il ne s'agit pas seulement d´objets, de choses matérielles, ou d´expression concrète qui aura lieu inévitablement au niveau de la manifestation. Sinon, il reste une chimère, un fantasme, un vague souhait. En même temps, il s'agit d'une contribution individuelle à la vue d'ensemble, il s'agit de remplir sa mission de vie. C'est une manifestation du sens et du contenu de la vie. Une tâche sacrée qui peut sembler si petite, comme la fourmi qui transporte un morceau de bois et remodèle progressivement son monde.

Qu'est-ce qui vient en premier : les possibilités infinies ou l'éphémère ? Ou sont-ils simplement jumelés les uns avec les autres ? J´ai déjà l´occasion suivante à l´esprit, à peine ai-je réalisé ce que je veux ou ce dont j´ai besoin, j'aspire déjà à la prochaine. Ou bien est-ce une question de consommation sans considération ? Sans apprécier les marchandises, sans tenir compte du travail, de la production - des processus, des réflexions qui en font partie ? Les objets sont le résultat final de pensées, de savoir, de l'expérience et de la créativité. Honorons les personnes qui ont fabriqué cette marchandise ainsi que leur travail ! Honorons la grande créativité, dans la vie, dans la nature, dans l'homme et dans tout ce qui est éternel. Puis tout commence à scintiller.

Oui, je fais délibérément un détour ! Il s'agit de créer une image de soi. Je fais donc un parallèle avec la création matérielle, afin que vous puissiez me suivre de l'idéal au concret. Qui provient de la puissance créatrice unique est lui-même / elle-même animé (e) de cette seule «substance» qui est, à son tour présente, en elle / en lui en tant que pouvoir créatif. La créativité inhérente est l'origine et l'aspect de notre être ainsi que notre existence propre.

Voici l´observation suivante par rapport au sujet de l'éphémère : les nombreuses et variables conditions se déroulent dans des cadres si différents que l'on a l'impression de vivre plusieurs incarnations en une seule.

Il y a tellement d'opportunités que nous pouvons vivre des changements spatiaux et des transformations de la conscience comme une succession d´état rapides et brefs dans un lapse de temps concentré. Voici quelques exemples : je commence une nouvelle phase de vie dans une autre partie du monde. Je suis entourée de nouvelles personnes et j'ai fondé une nouvelle famille. Ou bien je suis célibataire et sans enfant. Toutefois, en un rien de temps, je pourrais devenir épouse et belle-mère de trois mi-adultes. À court terme, les gens adoptent de nouveaux rôles, d'autres structures spatiales et temporelles et renouvellent leurs constellations interpersonnelles en conséquence. Ceux-ci peuvent se multiplier rapidement. Au lieu d'un développement progressif dans certaines tâches qui permettent de s´adapter et de cultiver les compétences requises, une nouvelle identité doit être construite dans l´environnement actuel en très peu de temps. Une autre langue avec des signes peut être inconnus, des conditions climatiques différentes, des coutumes autres, une culture différente, des habitudes étrangères, d'autres lois, de nouvelles conditions de vie et de travail – et ces circonstances doivent être maîtrisées dans un court laps de temps.

Beaucoup de choses peuvent arriver. Commencez une nouvelle vie de plein gré ou bien vous vous trouvez confronté à des conditions déterminées : le partenaire décède et vous devenez veuve, vous perdez votre emploi, ou vous vivez une perte sous la forme d'un décès ou sous la forme d'une séparation. Des opportunités étonnantes et merveilleuses peuvent également se présenter, comme un grand succès, un gros héritage ou d'autres situations qui changent positivement la vie. Même les constellations agréables représentent un certain défi : prendre des décisions importantes, découvrir de nouveaux domaines et contextes, développer de nouvelles compétences et de nouveaux codes de conduite, s'habituer à un nouvel environnement. En effet ils impliquent plusieurs processus d'apprentissage et ils nécessitent autant de réorientation dans les phases comblées de la vie que dans les moins fortunées. Les changements positifs qui émergent rapidement peuvent également faire ressortir des comportements et des façons de pensées dépassés.

L´élévation de la fréquence sur Terre est le principal facteur derrière les influences visibles. Elle fait partie de l'évolution cosmique naturelle et du changement de conscience, qui s'accompagne, entre autres, de l'intensification de la vibration Schumann sur la planète ainsi que des vents solaires dans le cosmos. Ces influences sont présentes depuis les années 1980. Il en résulte des transformations évolutives dans les corps subtiles de l'homme, tel que l'ouverture de l'Ananda Khanda, un chakra entre le chakra cardiaque et thyroïdien.

Les changements réels et profonds de l'humanité, dans tous les autres domaines de la vie sur Terre et sur d'autres planètes ne sont en aucun cas le résultat d'une technologie d'origine humaine, mais proviennent d'un plan plus élevé, intégré dans les lois universelles et l'équilibre des forces. Les réalisations technologiques ne sont qu'un aspect minimal d'un motif beaucoup plus large, l'évolution étant le déclencheur décisif.

Il est logique de prendre de se distancer de la vie quotidienne et du cadre uniquement humain aussi souvent que possible. Ainsi, nous pouvons visualiser la place de l'âme humaine à la fois dans son aspect éternel et divin et dans son état temporaire et incarné. Grâce à cette approche, il est clair que la sensibilisation prime sur les progrès matériels et technologiques.

Cela comprend l'exploration de l'être intérieur ainsi que diverses façons de considérer la personnalité. Ce point de départ confère un tremplin vers des réflexions et la remise en question des systèmes et des hiérarchies sur terre, tels que le patriarcat, les structures dominantes du pouvoir, la liberté et les droits inhérents de tous les êtres vivants tels que la dignité, le respect, l'autodétermination, etc.

La refonte de l´image de soi qui suit la transformation est au cœur de cette perspective globale.

b) Changements intérieurs / externes : essentiellement les mêmes ?

Tout changement se déploie de l'impulsion intérieure afin de créer quelque chose de nouveau. Vie est synonyme d'évolution. Que je décide de changer ma vie délibérément ou qu´un déclencheur externe soit la cause des renouvellements est représenté, dans l'essence, par le même modèle.

Bien sûr, le ressenti est très différent, que je décide de me séparer ou que je perde mon partenaire pour cause de décès. Cependant, l'objectif, par exemple, est de vivre une «existence célibataire». Si le décès n´avait pas eu lieu, l'expérience de vie seule m´aurait manqué. Vraisemblablement, je n'aurais pas décidé volontairement de vivre cette nouvelle situation. En conséquence, j'aurais évité cette opportunité de développement en tant que personnalité bien que l´âme, à son niveau, l'ait choisie. Peut-être existe-t-il même un accord avec le partenaire avant le processus d'incarnation afin de planifier ces événements exactement comme ils se sont produits ?

Dès que nous acquérons une image approfondie, il devient évident que le changement correspond à la décision de l'âme. Les circonstances dans lesquelles elle a lieu sont adaptées aux dispositions personnelles et aux événements temporels. Même si les impulsions semblent venir de l'extérieur, elles sont consciemment ou inconsciemment en accord avec la volonté intérieure de faire l'expérience de nouvelles circonstances de vie.

L'âme projette extérieurement ce que la personnalité à l'intérieur ne peut pas encore gérer. La réalité devient alors la toile du monde refoulé. Il devient donc un événement visible qui symbolise les processus intérieurs dans le monde. Sans cela, nous les aurions supprimés, c'est-à-dire que nous ne les aurions enfouis dans l´oubli pour éviter de les percevoir consciemment.

c) Changer pour devenir soi-même

Mon point de départ est le postulat suivant: chaque transformation vient de l'intérieur, en accord avec l´instance la plus élevée. Elle envoie une impulsion qui provoque une action et un effet sur la matière. La pensée affecte le comportement, la forme, l'environnement et enfin la réalité et le mode de vie.

Idéalement, l'interaction entre l'impulsion de l'âme et le résultat final est cohérente dans le monde réel. L'expression extérieure est en résonance avec le noyau intérieur. L'homme vit en harmonie, avec son aspect le plus profond, avec sa personnalité, avec sa mission dans le monde et avec son environnement.

Sinon, surgit non seulement une distorsion entre les deux, image de soi et son expression, mais également un conflit indubitable et douloureux qui peut être ressenti chaque minute de la vie. Cet état de tension peut être la cause de diverses disharmonies et de maladies dans les sphères physique et psychiques ainsi que dans le mode de vie. Le processus de transformation s´avère être un moyen d´autocréation et de guérison, afin de faire l'expérience de la cohérence de l'être.

d) Qui suis-je vraiment ?

Quand vous étiez jeune, avez-vous remis en question votre identité ?

Suis-je plutôt féminine ou plus masculine, quand et comment ? Les rôles traditionnels ne sont pas si enivrants pour que l´homme ou la femme les adopte sans remise en question. Même s'il semble qu'il n'y a pas de véritable choix et pas d'alternative, on ne veut pas nécessairement devenir comme sa mère ou le voisin, ou se glisser dans la peau de la poupée Barbie ou dans celle de la connaissance aux allures masculines. Et de devenir en fait quelqu'un d'autre que ce que l´on est.

Ou peut-être que si ? J´hésite, indécise entre les perspectives, les priorités et les humeurs capricieuses qui vont et qui viennent. Mon essence doit-elle être définie par ma sexualité ? Le choix entre l'une ou l'autre, ou même un mélange fascinant des deux dont la prédominance varie ? Et si j'étais les deux, ou même tout à la fois, qui se déroule progressivement comme une fleur avec des pétales et des teintes différentes ? "Je suis tout" me fait peur. Comment se comporte « tout ce qui a des variations infinies et des possibilités ? » Il n'y a pas de modèle, pas de protocole pour cela. Il n'y a aucun modèle à imiter, pas de mode d´emploi, pas de recette. Qui dois-je être, que dois-je faire ? Extérieurement, je peux "mettre en place" différentes représentations de mon être. Mais la véritable recherche et, surtout, les découvertes se trouvent à l'intérieur. C'est ainsi que je vais à l'exploration de diverses auto-images.

Suis-je l'âme douce avec laquelle je m´identifie habituellement, ou la lionne qui se défend férocement ? Suis-je semblable à mon père, ainsi que ma mère le prétendait de manière péjorative, ou paradoxalement, est-ce que je partage davantage de qualités en commun avec elle ?

Vous est-il arrivé d´être surpris par des réactions spontanées qui ne reflètent pas votre conception personnelle, actuelle ? Refoulez-vous vos aspects négatifs ? Doutez-vous de vos qualités positives? Ou observez-vous votre spectre d'expression avec étonnement, parfois avec incompréhension mais toujours avec intérêt ?

L'auto-observation conduit à l'observateur. Le témoin est l'instance qui suit toute l'incarnation à tous les niveaux, sans jugement de valeur. Le Soi Supérieur est le Gardien du Voyage de l'Évolution. La méditation ou la contemplation ouvrent les voies directes à l'observateur intérieur. L'auto-réflexion, la capacité de se remettre en question, mais aussi des moments rêveurs et silencieux nous relient avec le témoin intérieur.

Une perspicacité plus profonde dans l'essence révèle la multi-dimensionnalité de l'être. Nous sommes nombreux et nous contenons la plénitude de l'existence dans notre microcosme. Cette pluralité est presque inimaginable et pourtant jusqu´au niveau physique se passent de nombreuses évolutions. Durant une phase précise de son développement le fœtus traverse différents stades de développement purement anatomiquement. Pendant quelques semaines, la colonne vertébrale s'allonge et s'orne d'une queue. Au début de la formation biologique le système limbique apparait ainsi que le cerveau reptilien que nous portons dans le crâne pour le reste de nos vies. Ils ne dirigent pas des réactions civilisées et supérieures, mais plutôt des émotions fondamentales qui assurent la survie. Le cortex frontal est responsable des comportements plus avancés.

La multi-dimensionnalité est comparable à la complexité géologique du sol. Autre symbole ludique : la sphère de discothèque avec ses nombreuses facettes est tout aussi utile pour l'illustration polyvalente de l'existence humaine. Elle rayonne les différents aspects de l'être et les éclaire constamment. La diversité des sous-aspects est regroupée à un seul point au centre. C'est le point central qui s'exprime dans les différentes expressions de la personnalité. L'essence reste la même, elle est immuable contrairement aux aspects partiels qui sont soumis à plusieurs métamorphoses au sein d'une incarnation et même au long de plusieurs incarnations.

L'essence est l'accent essentiel au sein de l'être. Celui qui inclut le potentiel des nombreuses vies variées. Elle se concentre en une goutte pendant l'incarnation sur Terre. Partant du centre, elle irradie de sa lumière toutes les couleurs et les nuances. En fait, l'aura ressemble souvent à une goutte de couleur.

Nous sommes nombreux dans le continuum espace-temps à travers les innombrables incarnations et les vies parallèles polyvalentes. Nous sommes nombreux à travers les tâches dimensionnelles que nous effectuons dans différents mondes. Nous sommes diversifiés par nos facettes psychologiques, émotionnelles, physiques, spirituelles. Nous sommes nombreux à travers nos rôles dans la société, par notre existence autonome, mais aussi à travers les projections externes et les comportements imposés. Encore une fois, nous sommes nombreux, cette fois à travers les rôles multiples que nous traversons au sein d'une incarnation.

S'il vous plaît, prenez le temps, dans cet instant, pour réfléchir - et refléter qui vous êtes - sur la plénitude de vos rôles personnels. Quel genre d'horizon s'ouvre devant vous en ce moment ? Est-ce qu'il élargit votre perception de vous-même ? Si vous voulez l'explorer à fond, considérez non seulement les aspects les plus courants du rôle, mais également ceux qui sont rares ou les nouveaux qui émergent. Oui, ceux qui commencent à oser sortir. Je vous souhaite un moment fascinant avec ce jeu de perspicacité profonde. Il peut être judicieux d'écrire vos observations.

Et qui êtes-vous dans l'essence quand tous les modèles s'évaporent? Que reste-t-il? Voulons-nous faire un exercice ensemble ?

e) La méditation qui efface

Le but de cette expérience est de « faire disparaître » le monde concret et matériel de notre vision pendant une courte période. Parallèlement, ceci vous permet de concentrer votre attention exclusivement sur votre essence spirituelle.

Donc, exactement le contraire de ce que vous faites dans la vie quotidienne.

Pour commencer, utilisez votre volonté pour rendre les meubles invisibles. La pièce dans laquelle vous vous trouvez maintenant est vide ou exempt de meubles et de papier peint. C´est ce que votre imagination décide à l'aide de votre intention claire. C´est optimal si les humains et les animaux ont également quitté la pièce, de sorte que vous puissiez vider l'espace complètement. Il se peut que cet exercice vous transporte au premier jour où vous avez visité votre lieu de résidence alors qu´il était vide, libre de meubles, de papier peint, de rideaux et tout ce que vous avez rassemblé depuis. Donc retournez, s'il vous plaît, à ce premier jour quand vous êtes entré dans votre appartement vide.

En temps réel, vous êtes alors réceptif à l'énergie du lieu, sans table, chaise, commode, miroir et tout ce qui est habituellement présent dans cet endroit.

Maintenant, observez précisément ce sur quoi vous ne portez pas normalement votre attention : "Le Vide." Dès que vous vous adaptez à ce « vide », vous vous rendez compte qu'il n'est pas aussi vide qu'il pourrait avoir l´air à première vue. Qu'est-ce que vous trouvez là et que ressentez-vous ? Rendez-vous, s'il vous plaît, réceptif avec tous vos sens, c'est-à-dire, avec vos oreilles et vos yeux, avec votre sens de l'odorat et votre sens du goût et du toucher. Peut-être que vous percevez même un mouvement de vague ? Dans votre corps ou autour de votre aura.

Physiologiquement et énergiquement, il se peut que vous soyez en mesure de mieux respirer, plus profondément ainsi que d´enregistrer plus d'espace à l'intérieur et à l'extérieur. Peut-être que votre aura s´élargit, que vous ressentez non seulement sa taille mais aussi sa densité. Peut-être ressentez-vous une libération, une permission tacite de prendre votre vraie place. Ou êtes-vous plutôt devenu énorme ? Omnipotent ?

Cependant, il se peut aussi que vous ayez rétréci à une étincelle de lumière. Minuscule et très concentrée, porteuse d´un potentiel infini comme un point de laser qui rassemble l´unité ?

Ou ne vous permettez-vous pas le luxe de dissoudre votre environnement matériel ? "Il est toujours là" répondrez-vous à juste titre. Alors ne lui prêtez peu ou pas d'attention. Agissez comme si la pièce était vide et concentrez votre focus sur votre perception.

Peut-être que votre attention est attirée par un scénario ou une histoire. Vous pouvez avoir un aperçu de choses qui se passent en fond de toile ou des événements qui ont eu lieu dans ces locaux. C´est bien, mais dans ce contexte, ils ne sont pas pertinents pour nous. Et donc vous les traitez de la façon dont vous avez traité les meubles: "Disposez" d'eux dans votre imagination. Cela ne fait pas de dégâts, mais crée une réalité différente grâce à l'objet de votre attention.

Ce que vous avez réalisé avec votre environnement, vous allez maintenant l´appliquer à votre corps. Vous n'êtes pas votre apparence physique. Essayez d'ignorer votre aspect matériel. Pour cela, prenez s´il vous plaît une position confortable et détendez-vous. Laissez le corps reposer, là où il est. Pour l'instant, vous n´en n´avez pas besoin. Tout ce qui est vital fonctionne automatiquement. C'est merveilleux, n'est-ce pas ? C'est une bonne raison pour abandonner toute tension.

Le meilleur que vous puissiez faire, c´est vous concentrer sur vos sentiments. Mais, comme vous l'avez déjà deviné, vous n'en avez pas besoin non plus, en ce moment. Vous pouvez les apaiser ou les ignorer. Vous les contacterez à nouveau plus tard. Mais maintenant, il est clair pour vous que vous n'êtes pas vos émotions. Vous en avez qui vont et qui viennent. Donc, ils sont des composants volatils de votre personnalité. Et en cet instant précis, ils ont presque disparu.

Et qu'est-ce qui se passe ? Que percevez-vous de votre nature essentielle ? Peut-être un calme ou un soulagement croissant ? Non, pas encore tout à fait. Il y a encore des pensées incessantes. Se sont-elles calmées au moins ? Distancez-vous également d´elles, parce que vous n'êtes pas vos pensées non plus. Je sais que vous avez déjà entendu dire cela. À l'heure actuelle, vous avez l'occasion de vraiment faire l'expérience de ce fait. S'il vous plaît dites-vous : « J'ai emprunté des pensées pour une courte période. Maintenant, je les laisse sortir de ma conscience. Plus tard, j'aurai la liberté de reprendre leur fil ou non comme il me convient. Ma capacité d´observation est dans cet instant intensive et exclusivement axée sur mon essence. C'est la seule chose qui m'intéresse.

D'un certain point de vue, tout le reste est une distraction. Est-ce la pièce de théâtre qui se déroule dans mon incarnation terrestre ? Ce que chacun de nous en fait, est un véritable exploit. Ce n'est pas du mépris de ma part, car notre vie est tout ce que nous avons et notre existence, la contribution la plus précieuse à l'ensemble. Cependant, à ce stade, vous voulez apprendre à connaître l'auteur du script !

Qu'est-ce qui apparait dans votre conscience lorsque vous éteignez tout, du matériel au physique, à l´émotionnel, au mental jusqu´au spirituel ?

Peut-être une qualité qui est toujours présente, une identité qui vous semble familière, mais que vous rencontrez rarement. Aujourd'hui, vous voulez en faire l'expérience face à face. Directement.

Si intime que vous ne trouvez pas les mots pour l´exprimer ? Tant mieux. S'il vous plaît gardez le contact avec votre perception. Qu'est-ce qui se cache derrière ma vie quotidienne ? Qui est le réalisateur, le scénariste ? Où est notre "Moi véritable" derrière toutes les distractions, les contradictions, les changements ?

Y a-t-il quelqu'un à la maison, chez vous ? Facile ou difficile à atteindre ? Laissez plutôt une sensation monter. Peut-être aussi un symbole ou un mélange des deux. Une qualité ? Il se peut aussi qu'une fusion directe avec l'âme ait lieu ou que vous atteigniez un état mystique.

Ou bien êtes-vous toujours aux prises avec le bruit dans le quartier, avec la tension dans le corps, avec les pensées dans votre tête ? Malgré tout, vous êtes devenu plus calme à tous les niveaux, plus centré, un peu plus proche de vous-même. Tout cela est d'une grande valeur et vous êtes sur la bonne voie.

S'il vous plaît, n'ayez pas d'attentes exagérées et ne devenez pas impatient. Ceci a un effet improductif sur cette procédure. La rencontre avec l'essence peut véritablement revêtir d'innombrables aspects. La plupart du temps, l´expérience vécue est différente de ce à quoi l´on s´attend. On ne peut pas la programmer. La fusion avec le Soi Supérieur ne correspond pas nécessairement aux descriptions de quelques plumes fantaisistes.

Il va de soi que la rencontre de la personnalité et de l'âme est complètement individuelle. Peut-être plus excitante que vous ne pourriez jamais l´imaginer, ou si évident, qu'un espace infini s'ouvre avec une pléthore et une gamme de possibilités qui ont été précédemment bloquées. Etes-vous en état d´ enregistrer ce vécu dans votre perception ?

Par-dessus tout, il s'agit d'une expérience et non pas d'une « réflexion à ce sujet » ou même de réaliser un souhait.

À la fin, respirez profondément et étirez vos membres. Observez votre environnement : tous les meubles sont là. Tout est comme d'habitude. Ou peut-être pas ? Votre perspective ou votre point de vue ont-ils changé ?

Le contact avec l'âme peut être répété et approfondi. Et comme tout dans l'univers, chaque événement sera unique. S'il vous plaît, ne comparez pas. C'est une rencontre sacrée, une rencontre unique à chaque fois.

f) Authenticité

Plus la rencontre avec l´essence est intense, plus l'appel de l´âme se manifeste par la clarté et par l'accord entre l'âme et ses aspects partiels.

Une autre considération se pose, qui devient plus profonde, plus évidente au fil du temps. J´entends par là le regard qui relie le point de vue des processus intériorisés à celui qui classe les connexions externes.

L´analyse effectuée par l'âme pour scanner le vrai, pour nommer ces processus simultanés, laisse de moins en moins de place aux choses qui ne sont pas en harmonie avec le véritable. L'authenticité fait des ravages ! L'appel intérieur pour la conformité avec le vrai centre interne devient indubitable. L´urgence de le suivre, inévitable. La véracité individuelle qui est perçue à tous les niveaux se conforme au Moi Suprême, qu´elle prend comme norme pour orienter la personnalité sur son chemin.

À un moment donné, cette dernière est confrontée par le format étroit des limites, de certaines attentes extérieures, des règles ou des lois. À un moment donné, le consensus avec ses rôles et ses règles de jeu formatés devient un cadre étreignant que l´on veut briser, ou qui finit par inciter les détours inspirés de l'esprit créatif. C'est ce qui distingue le processus d'individuation.

« Comment puis-je me rester fidèle, comment puis-je suivre mon chemin et être à la hauteur de ma place dans ce monde ? »

« Combien de constriction dois-je tolérer ? »

« Comment puis-je me permettre d'enfreindre les règles de la famille, de l'amitié, des connaissances et du voisinage tout en suivant dans ma vraie voie ? » Heureux est celui qui affiche élégance et harmonie et satisfait tout le monde sans se renier. Courageux est celui qui s'affirme dans son altérité sans se compromettre. Héroïque est celui qui ose s'affirmer pour ouvrir une nouvelle voie.

Dans la plupart des cas, il y a plus de marge de manœuvre que nous ne le supposons au départ et, surtout, plus de résonance que ce qui est parfois enregistré. Malgré l'adversité, il est important de tirer pleinement profit des possibilités, d´aller de l´avant et de découvrir ou de créer de nouveaux méandres libérateurs. Je rencontre des gens, en particulier des femmes, qui ont intériorisé une sorte d´auto-censure dans leur pensée et leur comportement. Elles me confient des choses qui leur tiennent à cœur. Puis vient une déclaration stéréotypée dans les termes suivants : « Mais je ne pourrais jamais parler ainsi à mon mari, à ma mère, à mon patron » ou même : « Il n´y a qu´à toi que je peux dire quelque chose comme ça. » Bien sûr, il est logique de maintenir une communication appropriée avec l'environnement. Naturellement, on ne partage pas sans discernement ce que l´on a sur le cœur. Mais pourquoi cette phrase qui prend ces femmes au cou ? C'est un cliché. Il reflète une interdiction qui vient de la société: « On ne peut pas dire cela, c´est mal vu, ça n´existe pas, c'est faux. » Cette déclaration symbolise l'internalisation d'un contrôle subtil dans l'esprit, une limitation des capacités cognitives. Il y a même une étude avec des statistiques sur l'interdiction tacite d'exprimer certaines choses parmi les jeunes. Contrôle à distance de ce que l´on a dans la tête et du contrôle des capacités cognitives : la vérité est telle et pas différente. Il y a une « institution » bien connue sur Internet qui s'occupe de définir la vérité et de la découper à son gré : malheur à tous ceux qui pensent autrement ! Lisons George Orwell « Dix-neuf cent quatre-vingt-quatre » et débarrassons-nous du corset pour les pensées.

Maintenant, il est temps d'enlever la camisole de force qui s'est imprimée dans le cerveau, temps de penser nos propres pensées et d´en partager le meilleur. Dans la plupart des cas, on découvre avec étonnement que l'interdiction allégée n'est pas aussi puissante que ce qu´on lui avait attribué par peur. Prenons la liberté qui est à notre disposition dans cette démocratie. Il est impératif que nous le fassions, sinon la démocratie disparaîtra comme un muscle inactif qui n´est pas utilisé pendant une longue période jusqu'à ce qu´il s´atrophie.

C'est le propre de la créativité d'être inventif, de percevoir des espaces encore en friche, de s´y aventurer avec une pensée progressiste ainsi qu´ avec des pas audacieux.

Le leitmotiv de l'âme, c´est d'exprimer l'unicité de son propre chemin dans chaque incarnation. S'il vous plaît, tenez-vous droit et acceptez votre vraie taille naturelle, sans mimique égocentrique et sans geste imposé. Aussi vraie et grande que seule votre essence puisse l´être.

g) le pouvoir et l'importance de l'individu

L'autonomie personnelle signifie vivre de façon responsable son aspect éternel et illimité en toute clarté et simplicité. D'une part, il est nécessaire de concilier sa vie avec l'essence. D'autre part, il est tout aussi important de reconnaître la signification planétaire de l´individu envers le vaste organisme. La contribution personnelle d'une seule cellule est comparable aux innombrables créatures qui composent les récifs coralliens. Chaque unité porte une responsabilité implicite envers l'ensemble.

Quand chacun aspire à être en accord avec soi-même - chacun à sa manière individuelle et créative - un mouvement se produit qui affecte l'ensemble d´une influence évolutive. De l'intérieur vers l´extérieur, de bas en haut, étape par étape à son propre rythme. Ce sont les caractéristiques d'une évolution yin qui ne peut pas être retenue ou contenue parce qu'elle est organique et en phase avec le grand tout. Elle s'oppose à la coercition autoritaire, qui a promis à plusieurs reprises « le bonheur pour tous ou la libération définitive ». Pour se laisser prendre dans les mêmes enchevêtrements et mensonges que ceux qu'elle venait de faire tomber.

Prenons les rênes qui contrôlent notre auto-détermination et notre conscience de soi en tant qu'âme. À ce stade de la transformation, il s'agit d'une décision urgente qui signifie une avancée inévitable à la fois pour l'individu et pour la société. Qu'attendons-nous? L'impulsion ne peut pas venir de l'extérieur, mais exclusivement de l´urgence intérieure de créer un monde humain, équitable, en harmonie avec la nature, avec le ciel et avec la terre.

CHAPITRE 2 : MA FUTURE IMAGE DE MOI

a) Devenir qui je suis vraiment ou qui je voudrais être ?

Dans un monde où soi-disant "tout est possible", il semblerait que je puisse échanger mon identité actuelle à volonté, en prenant mes rêves pour des réalités.

Apparemment, différentes disciplines sont spécialisées dans l'influence, le développement ou la manipulation de qualités et de capacités personnelles.

La mode, l'industrie cosmétique, la chirurgie esthétique, l'industrie du divertissement, les médias, y compris les médias sociaux, consacrent leur influence à cet objectif. Chacun à des degrés divers mais efficacement et d'une manière qui est à peine consciemment enregistrée par le grand public. Les gens pensent que « c'est normal d'être comme ça » ou de se comporter ainsi et de ressembler à qui que ce soit. L'instinct de troupeau de l'être humain est là parfaitement conçu. C'est pourquoi presque tous les jeunes se ressemblent, et les plus âgés entre eux aussi. Le corps de certaines femmes semble très réceptif à la modélisation de masse.

La psychologie joue un rôle important dans le travail main dans la main avec la publicité. Elle offre différentes méthodes de formatage, de la thérapie comportementale aux séminaires de réussite. L´apprentissage d´une qualité ou d'une compétence qui ne fait pas partie de l'être relève plutôt de la tromperie que de la guérison dans le sens de devenir complet. Cela manque d'authenticité et ressemble plus à un jeu de rôle.

Les affirmations, soutenues par des intentions ciblées et le travail sur soi-même, vous fait avancer, dans la mesure où les compétences nécessaires sont encouragées et les idées sont promues. Cependant, l'affirmation doit véritablement être acceptée par la vérité intérieure.

Une chose est certaine : je ne peux pas devenir qui je ne suis pas dans l'essence. Même les acteurs qui apprennent à s'adapter et à se glisser dans toutes sortes de rôles ne peuvent pas jouer les figures de scène qui ne conviennent pas à leur caractère et les représenter de façon crédible.

Lorsqu'il y a tromperie - tromperie de soi et tromperie d´autrui, consciemment ou inconsciemment - l'absence d'accord entre l'intérieur et l'extérieur, tôt ou tard, fait des ravages. Être authentique ou en phase avec son propre être est toujours crucial, parce que la vérité suintera tôt ou tard.

La suppression des vraies qualités coûte beaucoup de force et falsifie les relations et les événements qui sont attirés par l'incohérence. Un malaise peut être ressenti, peut-être jusqu'à l'inconfort psychosomatique.

Donc, ma future auto-image ne découle pas d'une humeur temporaire, mais de la constellation profonde qui fait qui je suis. Holographique, elle pousse à partir du noyau comme le chêne émerge du gland. Elle naît de l´interaction avec l'avenir :

qui vais-je devenir en me projetant sur cette voie ? Quoi qu'il en soit, les situations de vie, les coïncidences et les événements prévisibles s´alignent, qui s'avèrent nécessaires au développement.

b) Mission de vie, rayon d'âme, espaces variables et avenir

"Qu'est-ce qu'il va m'arriver ?" "Où dois-je me rendre ?" "Pourquoi suis-je là ?" "Quel est l'intérêt de tout cela ?" "Quel est le sens et le but de mon existence ?"

Autant de questions qui vont loin : des questions réelles et légitimes qui vont de l'avant. Des réflexions qui servent la connaissance de soi et la confrontation avec la force motrice inhérente. L'entéléchie souligne le sens et l'objectif du principe vital. De ce point de vue, le but de la vie est de se dérouler de l'intérieur vers l´extérieur pour être repris à nouveau et diriger vers l´extérieur. La représentation picturale de cette explication correspond à la forme du torus en mouvement de l'intérieur à l'extérieur et vice versa.

L'intention de la vie est prise en charge par l'âme : elle sait où elle va. Elle contient la mémoire des programmes et des raisons d´être des incarnations. Au moment de la naissance, la personnalité les oublie, suivie par une amnésie complète ou partielle. Et donc l'homme ressemble à un être chancelant dans l'obscurité à la recherche du pourquoi, du comment et cherchant sa direction.

L'incertitude et le doute conduisent à des détours et parfois sur des chemins trompeurs. Mais aucune de ces étapes n'est vaine, ni même une erreur. Non, tant que chaque erreur est considérée comme une mission d'apprentissage. Tant qu'elle sert de source de perspicacité et de connaissance. Il est important de corriger les faux pas ou de les reconnaitre comme tel. Il est avantageux d'honorer chaque étape, même si certaines actions s'avèrent n´avoir pas été particulièrement sages avec le recul. En aucun cas on ne devrait condamner son passé. N´a-t-on pas fait de son mieux ou n´a-t-on pas donné le meilleur de soi-même ? Ce serait à espérer. Lorsque la personnalité refuse de reconnaître ses erreurs, cela peut devenir problématique. Le manque de perspicacité en tant qu´attitude permanente nuira à la paix intérieure jusqu'à ce que l'équilibre soit rétabli. Celui qui ne tient pas compte des règles les plus élevées, à savoir les règles cosmiques, cherchera l'harmonie de son essence et devra tôt ou tard partir en quête. On ne peut jamais perdre au jeu de la vie. Il n'y a pas de temps perdu ou une vie dénudée de sens ou de raison d´être. Cela ne signifie pas qu´on ne peut pas dépasser des règles du jeu. Au contraire, avec l'expérience et la connaissance, la responsabilité et la volonté de connaître le langage de l'âme grandissent, ainsi que le respect les lois cosmiques. Beaucoup d´entre elles sont écrites dans les codes mystiques et spirituels. En outre, Elles sont résolument ancrées dans l´aspect pensée-ressenti de chaque personne, dans la conscience et le savoir tout autant que dans l´auto-réflexion de chacun. Au fond de soi chacun sait s´il agit conformément à son être ou non.

« Est-ce que je vis en harmonie avec mon âme ? »

« Est-ce que je vis en harmonie avec ma mission de vie ? »

« Suis-je celle que je projette dans le monde ? Est-ce que je suis un avec moi-même ? »

Il ne s'agit pas seulement d'une connaissance fondamentale de soi, mais de créer la prochaine image de notre personnalité en conformité avec notre Moi Supérieur. Il convient de reconnaître ce qui a été notre recherche jusqu'à présent et de se rendre à l´évidence qu'elle n'est plus valable, significative ou épanouissante.

L'enseignement des rayons de l'âme fournit des indices ainsi que l'astrologie, la numérologie, la lecture de l'aura, la chiromancie et d'autres sciences du savoir. La détermination des âmes s'exprime par l'expression de talents et de dons couronnés de joie et d'épanouissement. Le langage de l'âme - ce que l'on fait bien et avec joie – confirme l'impression d'être au bon endroit, au bon moment et de faire ce qu´il faut.

À présent où le renouvellement est nécessaire ou approprié et où nous nous orientons vers de nouvelles tâches, la motivation est autonome et inspirée, contrairement à une volonté extérieure, comme par exemple une pression économique. Cette occasion se présente lorsque ce qui a été appliqué jusqu'à présent n´est plus satisfaisant.

Pour cela, on s´adressera toujours à l´instance de l'âme et on lui demandera clairement de l'aide. On prononcera également un grand OUI à la mission d'âme de façon répétée en imaginant les développements futurs d'une manière visuelle et émotionnelle. De nouveaux scripts sont écrits avec les étoiles pour but, mais s'il vous plaît avec le sol comme point de départ, sinon c'est pure fantaisie qui ne mène nulle part et néglige finalement la tâche réelle.

Dans certaines traditions, le rôle du souvenir est primordial. Cette approche offre un concept fascinant du cheminement humain. Il postule que l'homme n'a rien à apprendre. Mais qu´il est là pour se souvenir. Il s'agit d'évoquer de re-mémoriser les arrangements décrétés entre l'âme et la personnalité avant l'incarnation. La mémoire de la tâche marque la voie à suivre.

Un postulat opposé ou plutôt complémentaire à cette interprétation est décrit par la version d´inspiration chamanique de Romuald Leterrier et Jocelin Morisson dans leur livre "Se souvenir du futur". La réponse à la présente question ne se trouve pas dans le passé, mais elle sera perçue comme venant de l´avenir. La réponse ne répond pas à "Que dois-je faire?" en relation avec mon passé (D´où est-ce que je viens ?), mais dans la perspective du « Où vais-Je ? » L'avenir lui-même sait où je veux aller. Je peux le contacter. Il sera caractérisé par des synchronicités, des signes et l'inspiration ouvrira la voie aux développements sur la base de la chronologie existante. Je perçois, par exemple, des visions sages devant mon troisième œil. Je les laisse venir vers moi. En même temps, je considère comment mon aura réagit : est-elle comblée par ces visions ou non ? Elles communiqueront avec moi d'une manière unique. Il se peut même que j'entre en résonance avec des images incohérentes – ou qui ne sont plus appropriées. D´après ce que je ressens, résonance ou inconfort, il devient évident si elles m´appartiennent ou non. Ce ressenti facilite la perspicacité et donc ma capacité à prendre des décisions. Peut-être même qu'elles n'ont jamais été les miennes, mais qu´elles étaient des projections familiales, professionnelles, ou qu´elles proviennent de mon environnement social.

D'autre part, j'ai reçu, il y a déjà longtemps, une inspiration sous la forme d'une femme inconnue qui possède de nombreuses qualités positives, dont plusieurs que je ne maîtrise pas. Une sorte de "femme idéale" ou un modèle imaginaire. Elle m'a rendu visite à plusieurs reprises dans mes rêves. Chaque fois, j´éprouvais de l´admiration pour elle. Puis elle m´est apparue sporadiquement jusqu'à ce que je la repousse dans le monde des fantasmes. En fait, elle est tombée dans l'oubli jusqu'à ce que je réalise subitement qu'elle me faisait avancer constamment et m'aidait à sortir de ma timidité pathologique ainsi qu´à surmonter d'autres obstacles. En fait, je deviens de plus en plus cette femme, bien que sa perfection soit encore éloignée. Cependant, je lui suis reconnaissante pour le courage et le pouvoir idéal qu'elle m'inculque par sa présence. Je la remercie pour l'attirance utopique et imaginaire qu'elle exerce sur moi depuis des décennies. Le pouvoir de l'imagination, qui devient réalité, se révèle par la réalisation : « En fait, je suis cette femme ! » Comme je n'ai pas encore atteint sa perfection, elle continue d'agir en renforçant mon avancement pour accomplir la vision.

Enfin, j´aimerais recommander une fleur de Bach dotée d´une double tâche. Elle vous aide à vivre en harmonie avec votre âme dans l´ici et maintenant, tout en promouvant la perception de l'objectif. L'authenticité, tout d´abord vécue dans le moment présent entre la personnalité et la mission de l'âme, est la condition préalable à la résonance appropriée dans les temps à venir. L'avenir ne peut être cohérent et épanouissant que si je vis ou m´efforce de vivre l´alignement avec l'ordre cosmique dans le présent ou au moins si j´en cultive l´intention.

Cette fleur de ruisseau s´appelle "Wild Oat", l'avoine sauvage et peut être utilisée quand on cherche sa voie personnelle.

c) Le contrat d'âme et la liberté

Les sujets qui concernent l´aspect déterminant de l'âme peuvent éveiller l'impression que tout est prédéterminé et que l'homme n'a rien d'autre à faire que de se courber, de se soumettre à la contrainte et de suivre les « règles de l'âme ». Dans ce contexte, il semblerait que la seule raison d'être de l´humanité est d´exécuter une volonté étrangère et indéfinissable. Ce plan plus ou moins accessible aurait toujours le dernier mot sur son bonheur, sa paix intérieure, son développement et son succès.

À mon avis, la personnalité, la partie de notre être incarnée sur terre est directement impliquée dans les accords avec l'âme préalablement au processus de l'incarnation. Les tâches d'apprentissage, les talents, les dons particuliers et les prédispositions de toutes sortes sont pris en compte par rapport aux conditions de vie antérieure avec le but de les équilibrer. La nature aspire toujours à l'équilibre des forces. Un excédent ou une carence dans une incarnation appellera - conformément au Moi Supérieur de la personne - l'équilibre dans la prochaine ou l'une des prochaines incarnations. Rien n'est laissé au hasard, mais tout suit des règles énergiques cohérentes et fondamentalement simples. Il n'y a donc pas de grand secret. Les conditions karmiques ne représentent aucunement une punition. Il est important d'éclaircir ce malentendu. L'univers n'est pas un camp pénal. Les influences déformantes (puissance, contrôle, manipulation) et les constellations négatives ainsi que les croyances dépassées créent et vénèrent la souffrance sur terre. En fait, ils abusent de la notion de karma et d'autres lois naturelles pour entretenir la peur, pour punir et persécuter, pour jeter sur le bûcher et mener des guerres. Leur volonté est de garder l´humanité impuissante, limitée et ignorante des contextes plus vastes.

« Ce n´est pas si simple » objectez-vous de suite !

« Regardez comment les gens errent dans l'obscurité et ont besoin d'aide, de confirmation et de conseils ! »

En fait, c'est l´impression que l´on gagne au premier abord. C'est l'effet de la grande amnésie, qui jette le voile de l'oubli sur tous les arrangements originaux dès que l'homme s'incarne au niveau de la manifestation.

La loi et la tâche du souvenir sont maintenant compréhensibles dans toutes leurs étendues. L'auto-exploration, la découverte de soi, l'enthousiasme pour la vie et la créativité, le lien avec l'âme, le contact avec l'intuition et un aperçu des connexions permettent une compréhension plus approfondie de la mission de vie dont nous sommes co-créateurs, par opposition à la glorification de la victimisation. Que ressentez-vous en lisant ces lignes ? Percevez-vous votre propre pouvoir, votre véritable grandeur ainsi que leur déploiement devant votre regard conscient ? C'est ce qui s´ appelle « l'autonomisation » (empowerment). Ainsi la volonté de l´expérimenter, de la vivre au concret est immédiatement enflammée !

Notre existence est comparable à un livre. Le format est donné par la taille du travail et le nombre de feuilles blanches. L'aspect matériel est déterminé par les règles karmiques que j'ai déjà éclairées. C'est le point de départ avec lequel nous voulons travailler ou jouer dans cette vie. Le karma auto-imposé constitue le cadre des stratégies créatives que nous voulons développer, d'une part pour créer l'équilibre du karma, d'autre part pour déplier la nature créatrice de notre être dans le cadre du modèle donné.

Plus nous parvenons à accepter le cadre karmique établi, plus nous recevons de liberté et de force créative venant du cosmos. L'acceptation est un acte de dévotion à la vie avec l'auto-responsabilité, la sincérité, le courage vital et le courage spirituel. Ce sont les bases des règles de l'impulsion créatrice, selon lesquelles la vie personnelle est façonnée grâce au don du libre arbitre.

Et maintenant, permettons-nous de colorier avec les couleurs appropriées et de remplir les pages blanches de ce livre karmique, ce cadeau, avec les écrits qui sont justes. Nous sommes les auteurs libres des textes contenus dans notre propre livre de vie : leur longueur, les paragraphes, la grammaire sans erreur ou l'orthographe imaginative, les nombreuses illustrations ou l'édition stérile et bien sûr le sens et le contenu de ce qui est écrit. Cela peut être profond, confus, incompréhensible, philosophique, réfléchi, superficiel, inutile, drôle et bien plus encore. Cette humeur de base agit comme un reflet de la façon dont la personne mène et vit son incarnation.

Grâce à notre libre arbitre, nous façonnons le livre de nos vies tout au long du processus d'incarnation jusqu'à la fin et au-delà. Nous étions impliqués dans le cadre des conditions karmiques et dès que nous occupons l'état d´être incarné sur Terre, nous y contribuons à chaque seconde, consciemment ou inconsciemment. Nous sommes responsables de l'ensemble du livre: format et contenu. Et qui peut encore prétendre : "On ne peut rien faire"?

Il n´est écrit nulle part dans ce livre quel travail et quel salaire nous méritons ou ce que nous devrions manger et dans quel pays nous devrions vivre. Ce ne sont pas des stipulations karmiques. Pour cela, il y a des opportunités, l'interaction des événements, les tendances et la résonance. On ne trouvera nulle part les détails sur la mise en œuvre exacte de nos vies, car beaucoup de liberté est à notre disposition quant à la façon dont nous voulons faire (Dharma), ce que nous avons à faire

(Karma). Ces règles s´appliquent même dans un cadre de vie où les possibilités matérielles sont effectivement limitées. Car la liberté réside dans l'esprit, dans la perspective, dans la façon dont nous faisons ce que nous avons à faire : l'atmosphère, les motifs et, surtout, les intentions. Cela nous permet de réfléchir sur notre mode de vie et de le purifier, de l'optimiser et de le rendre conforme avec le bien le plus élevé. Ces mesures constamment pratiquées tout au long de la vie, conduisent à la satisfaction et à l'épanouissement, parce que l'alignement avec sa propre âme et avec l'âme du monde est l'aspiration sublime.

En outre, nous avons la liberté de définir le cours intérieur et juste, avec soin et responsabilité, mais aussi avec harmonie, créativité et beauté. Une attitude claire attire alors les événements et les opportunités appropriées. Cela nous permet de choisir la pleine conscience et la gratitude parmi l´abondance des choix. La vie est comme un buffet duquel on peut se servir avec circonspection. Cependant, l´affirmation "tout est possible" semble aussi superficielle qu'une publicité. Même devant le buffet tout compris, je ne me servirai pas de mets que je ne peux pas digérer. Le discernement est toujours nécessaire. En outre, cette formule n´est pas valide car, en tant qu'âme, je me suis fixée un certain cadre karmique sous forme de décisions prises avant l´incarnation. Elles concentrent l'aspiration de l'âme dans le cadre donné de la vie. Il comprend mes prédispositions, mes capacités, mais aussi mes défauts, ainsi que certaines tâches et expériences qui sont nécessaires à l´évolution de ma conscience. L´intention de réaliser l´alignement avec mon propre chemin est plus précieux que de « tout avoir ».

L'exercice de la liberté, de la responsabilité et du libre arbitre dans les règles établies par les règles auto-imposées est fondamental. Ceux-ci, à leur tour, sont un signe et une condition de grandeur humaine et de paix intérieure.

d) Relativiser

Les exigences de l´âme sont une invitation à évoluer. Elles représentent les véritables tâches de notre vie. Elles constituent le sens et le but de notre existence. Elles sont significatives et confèrent une profonde gratitude ainsi que l'accomplissement d´une vie bien vécue.

Sur la planète Terre, site de notre incarnation actuelle, il existe un large éventail de possibilités. Du meilleur au plus odieux. La terre est le paradis et l'enfer en même temps, selon l'endroit où notre fréquence est située. Même les lois cosmiques peuvent être brisées ici : la vie peut être détruite, le comportement éthique peut être bafoué, et l´appel de l'âme ignoré. Tout cela est possible sur terre, même si c´est contraire aux règles universelles. Ces violations, comme tout le reste, ont des conséquences. La résonance fonctionne selon le principe "Qui se ressemble s´assemble". Cette expérience permet la confrontation avec les déviations.

Mais l´intégration des lois à l´intérieur de la liberté de l´âme, représente une grande opportunité. Elle est là pour être appliquée et pour nous faire avancer sur la voie de la sagesse et de l'individualité, à mesure que nos décisions deviennent de plus en plus nuancées et responsables.

Ces nombreuses possibilités sont là pour exercer le libre arbitre. Combien de décisions prenons-nous en moins d'une heure ? Surveillez de près si vous avez tendance à fonctionner automatiquement ou à quel point vous êtes conscient à chaque moment donné. Si vous êtes vraiment présent, chaque instant offre des alternatives différentes pour notre bien ou le contraire. C'est la vue microscopique qui ouvre une porte conduisant à une porte et qui crée ainsi de nouveaux horizons dans notre existence quotidienne.

Mais maintenant s'il vous plaît, retournons à la vue macroscopique. Les invitations de l'âme peuvent devenir très claires et pressantes: elles doivent être entendues pour que l'incarnation se déroule comme convenu. Les conditions sont décisives pour le progrès de l'âme et l'équilibre au sein de l'existence donnée.

Et pourtant, les circonstances terrestres sont prises en compte. Il ne s'agit pas d´atteindre la perfection, il ne s'agit pas de jugements et de punitions humaines, il ne s'agit pas de concurrence ou même de comparaison avec d'autres personnes ou normes.

Ce jeu karmique est une chose très individuelle issue d´une relation intime avec la propre âme : c'est le processus d'individuation tel que décrit par C. G. Jung. En accord avec l´âme du monde se développent les circonstances personnelles faites « sur mesure » pour correspondre aux les constellations individuelles.

Étant donné que la plupart des gens ne connaissent pas leur propre mission de vie qui inclut également les leçons de l´incarnation et encore moins celles de leurs semblables, chaque jugement est donc vain dans la dernière analyse. Qu'est-ce qu´il y a vraiment à faire, à apprendre, et à équilibrer dans l'incarnation actuelle ? Développer un aperçu profond de la motivation de sa propre âme est en soi une exigence si importante que l´on peut à peine encore évaluer et interférer constamment dans les actions d´autrui. Mon hypothèse est que (presque) chacun fait de son mieux dans les limites de sa conscience actuelle.

Il y a des efforts qui ne sont pas aussi fructueux que nous le souhaiterions, il y a des gestes dans nos vies qui auraient dû être plus affectueux, plus significatifs, plus constructifs qu'ils ne l'ont été. Ce sont des processus d'apprentissage instructifs si nous voulons les utiliser pour apprendre de nos erreurs. Chaque jour, nous avons de nouvelles occasions de pratiquer à nouveau ou d'améliorer notre façon d´agir

En aucun cas, il y a un gardien qui nous espionne, en aucun cas, il nous réserve une punition à expier. Ces menaces font partie des organismes de contrôle stratégiques pour inférer la peur afin d´établir et de maintenir un régime de domination sur la population. Cela ne correspond pas aux lois spirituelles.

L'éternité a le temps. D'un point de vue plus large et supérieur, l'âme elle-même tire des conclusions de sa dernière vie sur Terre. Une fois de plus, elle pèsera les expériences qui sont encore à faire pour progresser sur son chemin. Atteindre l´équilibre est l'objectif compris dans les connexions karmiques du voyage de l'âme.

Après l'incarnation, c'est-à-dire dans l'état ex-carné, la vision est plus généreuse, mais aussi plus insistante et précise en ce qui concerne les motivations et les intentions. Et surtout, je tiens à souligner que la constellation individuelle est tout à fait cruciale.

Il ne s´agit ici aucunement d´encouragement pour prendre les lois cosmiques à la légère, les ignorer ou les violer. Au contraire, le lien avec l'âme et l´alignement avec ses intentions sont en fait l'intention de la vie et la source de l'accomplissement. C'est ce qu´il y a de plus enviable et de plus épanouissant dans l'essence d'une incarnation. Je ne suis pas d'accord quand j'entends dire, "Je vais aller mal si je ne me préoccupe pas choses spirituelles". L'âme ne fait pas de chantage. La volonté de décider est respectée, jusqu'à ce que l´on suive la motivation intérieure au bon moment.

L'éternité a le temps, l'éternité laisse couler la rivière. Elle sait que l'eau douce se déversera inévitablement dans l'océan. L'observance des connexions cosmiques peut nous permettre d'être plus tolérants et généreux avec nous-mêmes et les uns avec les autres. Non, je ne dois pas faire l´expérience de tout dans cette vie. Heureusement que tout n´est pas possible ! Ainsi, on peut s´endormir plus paisiblement à la fin de la journée ou à la fin de l'incarnation. Et conclure la paix avec soi, avec autrui, avec les circonstances et avec le monde, est hautement prisé, à la fois en tant que priorité d´âme, mais aussi pour chaque être humain. Cela aide aussi à relativiser.

Chapitre 3 : ÉTAPES QUI INDUISENT LE CHANGEMENT

a) L'impulsion intérieure comme déclencheur

L'homme est un animal attaché à son rythme routinier. L'animal non plus n'aime pas vraiment le changement. Par conséquent, le pouvoir de l'habitude est une puissante contrainte qui intègre la routine, la répétition, dans la poursuite du "comme d'habitude" ou "comme on fait toujours". C´est ce qui fait la constance qui est bien sûr nécessaire à la vie quotidienne.

Cependant, le changement signifie qu'une rupture se produit dans le processus normal et habituel et annonce des bouleversements. Pour cela, un signe est nécessaire afin de stimuler la prise de conscience que quelque chose de nouveau est sur le point d'avoir lieu comme un déclencheur.

Parfois, l´impulsion semble venir de l'extérieur et sans avertissement. Bien que cela puisse se produire, comme dans certains accidents, actes de violence ou l'impact d'une puissance supérieure. Cependant, c´est moins souvent le cas qu'il n'y paraît. Dans la plupart des circonstances, les impulsions sont ignorées, supprimées ou simplement négligées dans l'inondation des données de la vie quotidienne. Une vie plus consciente nous rend plus réceptif aux courants qui pourraient indiquer un avertissement ou un tournant dans les évènements.

Il y a suffisamment de communication interpersonnelle et d'informations provenant des médias (médias libres et autres), de transformations sociales ainsi que des processus internes. Ceux-ci fournissent constamment des informations. Bien sûr, c'est à nous de reconnaître le message et de le capter. S'il est jugé significatif et utile, il est intégré dans le flux du quotidien et des stratégies sont d´abord envisagées.

A ce point, nous sommes encore au début du changement et à la recherche d'une nouvelle identité. Nous en sommes encore aux préliminaires, où les signes peuvent être si subtils qu'ils passent facilement inaperçu, surtout s'ils viennent de la douce voix intérieure. Pour les percevoir, cela nécessite une certaine focalisation vers l'intérieur. Cela présuppose l´écoute durant les moments de silence et de vide de la pensée. Par-là, j´entends la tête exempte de distractions, de pensées ciblées sur la vie quotidienne, ancrées dans la routine et souvent dans les réflexions négatives. Ce flux incessant d'activité mentale déborde le niveau mental inférieur et bloque l'accès à des capacités cognitives plus élevées. Il est bien connu que la pratique de la méditation consiste à calmer les pensées, précisément afin de permettre une orientation mentale de plus haute inspiration sous la forme d'idées intuitives, de solutions, mais aussi de pensée abstraite, de perspectives plus profondes telles que l´exploration de la vérité, la contemplation et la perception spirituelle de connexion d´ensemble.

Ici il ne s'agit pas tant des déclencheurs externes mentionnés dans le premier chapitre, mais plutôt de l'émergence du processus qui conduit à l'impulsion intérieure, au point de départ original.

Le déclenchement intérieur est l'occasion qui me convainc que la transformation est nécessaire. Tout d'abord, il m'amène à visualiser et à appréhender d´autres possibilités à l´aide de mon imagination et mon intention. Il s'agit de la transmutation, le processus intérieur qui a d'abord lieu sur le plan mental avant qu'il ne s'installe dans le changement de forme (transformation) qui conduit à la mise en œuvre. Le déclencheur est l'impulsion ou la série d'impulsions inhérentes à une refonte.

Le déclencheur peut être concret et peut être reconnu comme la cause du changement. Cependant, il reflète toujours la volonté intérieure de l'homme, qui a le libre arbitre de décider si et comment le changement devrait avoir lieu. Le point de vue de nos considérations est crucial. Dans l'ensemble, nous faisons la distinction entre deux voies principales : soit l'univers est perçu comme favorable, soit hostile. Dans le premier cas, les événements sont perçus comme des opportunités. L'espoir et la confiance sont ancrés dans la contenance de base. Une attitude axée sur la solution est déjà prête, même si le chagrin ou la déception sont les compagnons actuels. La créativité et la résilience façonnent le chemin avec l´espérance, même si aucun indice concret n'est en vue. Néanmoins, c'est l'élément le plus important, car il ouvre la voie à un développement productif. En revanche, la notion d'un univers hostile fournit la base de l'agression, de la dépression, et l'attitude de victime, ainsi que la tendance à subir et à souffrir de raisons obscures qui nous piègent dans des circonstances défavorables. De ce point de vue, la propre responsabilité et la conscience de soi en tant que créateur de causes extérieures sont simplement sacrifiées.

Mon approche réside dans la perception de l'homme comme âme éternelle qui crée des réalités pour exprimer sa nature créatrice. Nous créons consciemment et inconsciemment, personnellement et collectivement. Plus l'acte créatif est conscient, plus il est puissant. C'est pourquoi la plus grande attention est nécessaire aux changements intérieurs : comment est-ce que je me sens dans cet endroit, avec ces personnes, dans cette activité ? Est-ce que je résonne avec ce que je fais et comme je le fais ? Si cela ne me correspond pas, mes actions s'avéreront insatisfaisantes. C'est précisément ici qu'il convient d'initier un changement. C´est précisément là qu'il y a eu des indices, presque inaudibles, bien avant que je ne prenne la décision de faire un revirement. Comment mon système neurovégétatif réagit-il quand je ressens ou bien quand je pense à ces personnes, cet endroit et cette activité ? Quel est le ressenti de mon aura à ce moment : étroit, élargit, pesant ? Comment mon corps, ma psyché se sentent-ils dans ce rôle ou dans ce contexte ? Comment sont le rythme de ma respiration et de mon pouls alors que je m´imagine et je me visualise dans cet environnement ? Que dit ma voix intérieure à ce sujet ? Qu'est-ce qui me fascine chez les autres ? Les gens qui prennent la liberté de vivre ce qui ils sont ? Qui sont ceux que j'admire ? Qui puis-je considérer comme un modèle ou, plus précisément, quel genre de comportement me paraît exemplaire ?

Qu'est-ce que je veux vraiment faire ou être ? Suis-je devenue le rôle que j'ai joué dans mon enfance rêveuse ? Dans la mesure où il n'a pas encore été complètement supplanté par le moi adulte, le rêve de l'enfance symbolise souvent un souvenir fidèle de l´accord conclu avec l´âme.

En outre, il y a des impulsions de la vie quotidienne : du journal, d'une conversation apparemment sans conséquence, d'internet ou le petit conseil, la réponse à la question qui n'a jamais été posée, le flash au moment où nous nous y attendons le moins. Ce sont les coïncidences qui n´en sont pas. Ce sont les mots ou les événements que notre conscience cristallise parmi la masse informe de l'information. Ce sont les données que le savoir évoque sur l'écran de l'univers intelligent. Comme c'est merveilleux ! Quelle fascinante interaction entre conscience et création !

Il serait gratifiant que l'homme honore plus souvent le dialogue avec la voix intérieure et l'échange avec l'univers. Dieu vous parle tout le temps, écrit Neale Donald Walsch. Au lieu de s´emmouracher de l'illusion technologique, la communication sacrée avec l'esprit, avec le corps, avec l'environnement et avec le cosmos est une source de données intarissables. Elle ne coûte rien, elle ne rend pas malade ou accro à ses ondes, mais elle fournit des réponses très individuelles qui respectent le libre arbitre. Restez clair et éveillé, agissez en conscience, interagissez consciemment avec le monde afin qu'il vous mène, vous protège et vous aide à évoluer. C'est la première étape vers la transformation en harmonie avec le Moi Supérieur.

La communication consciente reçoit l'information des plans intérieurs. L'idée se forme avant que les impulsions se matérialisent ou nous tombent dessus plus ou moins comme un choc venu de l'extérieur. Si la personnalité accepte le message, elle devient l'initiateur d'une action qui est librement mise en œuvre au bon moment avant que les circonstances extérieures ne deviennent insupportables. Cela signifie que le virage est autodéterminé conformément à l'instance supérieure. Les considérations personnelles et celles de la vie corroborent. Elles accueillent un nouveau tournant selon la devise : "Tout a été bien jusqu'à présent, mais maintenant il est temps que quelque chose d´autre se passe !"

Si par contre, le signe annonçant le changement n´est pas pris en compte, alors l´énergie de l´expression sera refoulée. Mais tôt ou tard, il se manifestera d'une manière qui ne pourra être ignorée. La voix intérieure est douce ; autrement dit il faut de la vigilance et une conscience attentive pour la percevoir. Au moins, cela exige que la personne soit dans un état de conscience présent. Ce mécanisme devrait être compris clairement. Si l'appel de l'âme est ignoré pendant des années, il est forcé d'élever le ton afin d´être enfin perçu. Alors le message devient "plastique", il devient "réalité". Là, les gens font face à des « faits durs » qui les consternent. Fréquemment et en accord avec leurs croyances, il voit le malheur comme un coup du destin, qui les confrontent de façon inattendue et violemment. Ils ne veulent pas admettre qu'il y a eu des signes auparavant et encore moins comprendre les mécanismes du refoulement.

Il est indispensable de se remettre régulièrement en question et de prendre soin du dialogue maintenu avec l'âme.

b) La pression d'en haut

Pour créer un mouvement, cela nécessite un exercice de force. Les émotions (motion signifie mouvement) assument ce rôle. Générée de l´intérieur ou de l´extérieur, la pression s'accroît pour encourager une activation. Beaucoup de gens sont capables de supporter beaucoup de pression et de disharmonie avant de finalement passer à l'action - et ceci pendant longtemps. Pourtant, le plus souvent, il ne s'agit pas de persévérance, mais de résistance au changement. Au lieu d'accueillir le nouveau, la persévérance et la retenue sont exercées. Dans ce contexte, la fleur de Bach « Oak » peut être utile. Elle encourage le lâcher-prise, pour éviter de persister dans une situation contre-productive et parfois pathologique.

Il se peut que la pression se renforce et que la situation soit de plus en plus insupportable jusqu´à ce que la maladie se développe, en particulier avec des symptômes psychosomatiques, ou des tensions interpersonnelles et des conflits internes pathologiques. Ainsi, la pression d'en haut agit sur le cercle dans lequel on tourne depuis longtemps jusqu'à ce qu'il le transforme en spirale. Enfin, une nouvelle rotation est créée, ce qui conduit à une octave plus élevée et génère des réflexions profondes. Ensuite, le changement est mis en mouvement et de nouveaux paradigmes sont considérés. Des ajustements sont introduits et de nouveaux repères sont envisagés, qui seront intégrés au fil du temps. À ce stade, beaucoup de choses semblent encore confuses, hésitantes et incertaines jusqu'à ce que les étapes commencent à se déplacer plus fermement vers la nouvelle voie. Cela conduit lentement à une nouvelle identité : plus mature, plus riche, plus sage, plus expérimentée, peut-être plus audacieuse et plus affirmée.

Il est nécessaire d'éprouver un ressenti et peut-être même de subir une pression, pour entrainer un changement et activer le mouvement. Comme nous l'avons déjà mentionné, la volonté de changer et de lâcher prise chez être humain est associée à la résistance et ceci jusqu´à un certain point de développement. L'homme s'accroche à ce qu'il connaît, à ce qu'il a construit et y reste soumis, même si ce n'est plus bénéfique pour lui. D'un côté, l'aspect habituel enveloppe le tout dans la rigidité et la routine. Elles offrent une illusion de commodité, mais elles inhibent la flexibilité et l'ouverture à de nouvelles perspectives, ainsi qu´au progrès. D'autre part, la peur de l'inconnu établi un mur de résistance.

J'explique ce mécanisme en détail ici, afin que le principe de la pression soit précisément compris. Elle doit être suffisante pour enclencher le lâcher-prise et l'appliquer concrètement. La tension appropriée amène l'homme d'abord à la perspicacité, puis à repenser et enfin à l'action. Elle doit donc être proportionnelle à la résistance appliquée : plus la personnalité refuse de changer, plus elle s'impose inconsciemment de la pression.

Si ce mécanisme est compris, les rôles de victimes, l'apitoiement sur soi et l'accusation des autres ne sont plus nécessaires. Cela libère à son tour beaucoup de puissance qui peut être utilisée pour son propre développement.

La pression encourage un questionnement et des idées sur soi-même et sur des processus qui autrement n'auraient jamais eu de place dans le confort statique. Les conflits internes des différents aspects de la personnalité ainsi que les conflits externes évoquent toujours des questions éthiques et morales, qui interpellent l'être humain, mais qui le font précisément avancer sur son chemin évolutif. De nouvelles façons de voir les choses sont découvertes, de nouvelles considérations, des questions et des réponses sont posées et des solutions appropriées sont envisagées. Si l'estime de soi est saine pendant cette période de connaissance, elle est plus confiante et agréable que lorsque la personnalité est instable ou souffre d´un complexe d'infériorité. Dans cette dernière prédisposition, on trouve les racines de la victimisation et de l'intimidation. Par contre la tendance à se surestimer peut causer des dommages à long terme, à soi-même ainsi qu´à autrui.

La spirale tourne et s´accroit vers le haut. Le développement de l'homme et de son environnement est poussé vers l'avant.

Pourquoi inclure l'environnement tout de suite ? Parce que la transformation de l'Un exerce toujours une influence sur la famille, le cercle des connaissances et sur la société en général, comparable aux anneaux créés par la pierre jetée à l'eau.

La pression d'en haut et le mouvement ascendant correspondant de la spirale peuvent provoquer de nouveaux conflits ou même réactiver les anciens. Ceux-ci s'expriment sous la forme de « ne pas se sentir à l'aise dans sa propre peau ou de ne pas se sentir bien dans son âme ». Ils peuvent représenter des tiraillements internes ou externes. Leur caractéristique est d'attirer l'attention de l'homme entièrement sur l´élévation de la conscience. Le malaise qui y est associé est en soi un processus productif de connaissance. Avec un peu de distance et avec la connaissance nécessaire que je développe ici, les « douleurs de croissance » peuvent être reconnues comme apport positif. Ainsi, les décisions prises sont profondément engrainées et accompagnées de graves questions éthiques, morales et karmiques pour la personne.

Les changements signifient des questions, des remises à jour et de nouvelles évaluations qui expriment et exposent les valeurs intérieures.

À un certain stade de développement, la pression n'est plus aussi drastique, ni même nécessaire. Car l'harmonie avec l'âme est plus claire et provoque le changement de l'intérieur. L'accord entre personnalité et âme est résumé par le dicton : « Ta volonté est ma volonté », la fusion entre l'Autorité

Supérieure et l'aspiration personnelle est réalisée, par la communication et l'intermède entre les deux plans : la personnalité transitoire et l'essence éternelle. La spirale continue de croître à un rythme harmonique.

Ainsi, le cercle devient une spirale par la pression du haut et par l'impulsion déclencheuse, sans laquelle le cercle continuerait à tourner sur lui-même !

c) Derrière cet objectif, suit le prochain

Je suis loin de parler d'une croissance exponentielle comme Ray Kurzweil, d'une évolution qui devrait suivre un rythme préprogrammé pour chacun. La nature n'est pas une dictature, mais une mélodie cyclique régulière, composée à travers la contribution de chacun des membres de l'orchestre.

Il est évident, cependant, que l'accomplissement d'un objectif, la maîtrise d'une tâche, conduisent tout d´abord à la satisfaction. Les fruits de l'effort sont récoltés et appréciés jusqu'à ce qu'ils n´aient plus de goût et jusqu'à ce que les yeux curieux explorent de nouveaux horizons. Le but souhaité a maintenant été atteint et devient progressivement ennuyeux.

La saturation optimale fait place à la capacité de réceptivité pour ce qui est nouveau. Y a-t-il quelque chose d´autre à découvrir, à apprendre, à maîtriser ? La route continue-t-elle ou touche-t-elle ici à sa fin ? Non, on ne peut pas s´arrêter là.

L'univers évolue, donc j'évolue. Je me développe, donc je suis vivante. De nouvelles dimensions sont explorées, testées.

L'impatience me fait aspirer à une nouvelle liberté. Libéré de la pression concrète, le troisième œil scanne les chronologies possibles en ce moment même de la vie : vaut-il la peine de commencer, encore une fois, un nouveau départ ? Ai-je la force, la motivation suffit-elle ? Je suis réaliste sachant qu´un nouveau début signifie lâcher-prise une fois de plus et recommencer à zéro. Bien sûr, pas tout à fait, parce que les talents acquis forment la base du nouveau projet. La personnalité stable est le tremplin des étapes initiales. Il est précieux de stabiliser la personnalité d'abord. Parce qu'un démarrage chancelant aura tôt ou tard un impact sur la nouvelle phase.

Et pourtant, chaque nouveau départ est l'occasion de se rendre à nouveau libre et réceptif, afin d'absorber et d'intérioriser la connaissance et l'inconnu. Une fois de plus, il faut de l'humilité et un espace ouvert pour permettre des données inconnues dans le système établi. Encore une fois, cela signifie dire « oui au renouvellement ! »

d) J'ai déjà tellement travaillé sur moi

Parfois, j'entends cette réflexion : « J'ai déjà tellement travaillé sur moi. » « Oh, j'ai vécu tellement de choses ! ». Le Livre de Vie se compose du format défini et de la liberté de concevoir le contenu soi-même. Est-ce du karma ou ai-je l'occasion d'exercer mon libre arbitre ? En outre, il est clair que nous sommes ici pour exprimer notre potentiel, le déployer, et non pas pour rester immobile et garder tout à l'intérieur, inutilisé et intact. En outre, nous avons choisi de nous incarner à une époque où un changement de paradigme se produit, en période de grands bouleversements. Tout le monde est encouragé et appelé à y participer.

Il ne s'agit donc pas seulement d'une phase de changement personnel, mais chaque individu est intégré dans l'ensemble et participe à l'époque du renouveau. Nous y avons dit « oui » avant de nous incarner. Impossible d´annuler maintenant, parce que l'évolution progresse et ne va pas à reculons. Il est, bien sûr, important de cultiver une approche prudente de ses propres forces. Plus sur ce sujet dans le chapitre 6 : "La nouvelle image de soi a surgi".

Y a-t-il un moment où l´on atteint le sommet ? Où l´on est récompensé ou comblé du repos éternel ? Une sorte de retraite spirituelle ?

"J'ai déjà fait tellement de choses !" Et qu'attends-tu ? Le couronnement, l'illumination Même un compliment ou une médaille ?

Le chemin spirituel est supra personnel et il continue avec ou sans toi. Fais une pause si tu as envie et aussi longtemps que tu pourras résister à l'envie de repartir. Le chemin ne s'arrête jamais et ne tient pas compte de ton âge, de ta position sociale, de tes humeurs tant que tu es incarné. Sur le chemin de l'évolution, on n'est jamais trop vieux pour commencer de nouveau projets. Ce que tu as accompli n'est pas non plus une preuve ou un décret que tu es exempt de continuer.

Au niveau le plus élevé, le développement culmine en passant dans d'autres dimensions au-delà de l'existence physique et matérielle. Cette étape est inévitable pour nous tous. Le couronnement auquel personne n´échappe se trouve à la fin de l'incarnation sous la forme de la séparation du corps et de l'âme. C'est le lâcher prise final de cette vie, le plus grand changement et immédiatement la plus grande chance d'intégrer le nouveau.

Ici aussi, nous sommes portés par la sécurité universelle généreuse. Ce processus final peut être consciemment vécu par l'acceptation, la connaissance et la mémoire des nombreuses expériences de la mort que nous avons déjà vécues.

Oui, les changements coûtent de la force, mais ils forment le sens et le but du déroulement de la vie et confèrent à leur tour force et rajeunissement. Pour l'ego, cela peut être trop. Cependant, il est logique de supposer que les défis, en tant qu'opportunités de développement, nous accompagnent tout au long de la période d'incarnation. Ils remettent en question nos talents cachés, nos dons et notre richesse d´expérience.

e) Changements nécessaires ou volontaires ?

Il y a des changements existentiels qui sont inévitables tels que confronter une maladie, un déménagement, avoir un nouveau poste de travail pour nourrir la famille, et beaucoup d'autres exemples. Il s'agit là de coercition, parce que c'est une question de survie.

Mais il y a aussi les renouveaux inspirés de l'âme. Ce sont ceux qui proviennent de motifs internes. Tout pourrait continuer comme d'habitude et pourtant une satiété s´installe ainsi qu´un besoin irrésistible d´explorer de nouveaux paysages.

C'est précisément ce bond en avant basé sur des motivations intérieures qui libère un énorme pouvoir de renouveau. Alors il n'est pas seulement temps de le percevoir, mais de le suivre, même si l'action peut sembler déraisonnable pour certains : « Maintenant que tu vas si bien, tu laisses tout tomber » disent-ils.

Il en est ainsi : la résonance est lentement complétée, les chakras remplis d'expérience, la tâche accomplie. Le moment est venu d'innover et de d´ouvrir une nouvelle voie, même si le cœur est lourd, parce que lâcher prise est associé à la séparation et doit toujours compter avec l'inconnu.

Mais nous sommes morts de nombreuses fois et avons rassemblé beaucoup d´expérience : nous assimilons l'incertitude à une nouvelle liberté et à des possibilités supplémentaires.

f) Se sentir à l'aise dans son âme

Suivre l'appel de l'âme, c'est écouter son caractère unique, dans la mesure où l'environnement n'a pas à souffrir. Rester fidèle à soi-même et respecter ses rythmes intérieurs et ses motivations, c'est suivre son propre chemin. Derrière cela se dresse l'accomplissement de l'âme et de son plan.

Adopter sa vérité intérieure est le plus grand accomplissement, même si dans le domaine émotionnel et envers les êtres chers, ceci peut être un défi douloureux. Non seulement le renouvellement a un sens en termes de cohérence, mais tout coïncide, parce que toutes les pièces du puzzle se réunissent et forment la nouvelle image de soi.

Mais la nouvelle identité est-elle déjà si avancée ? Pas nécessairement, car l´incertitude du chemin spirituel lui-même suit de près le défi interpersonnel. Que me manque-t-il à ce stade ? Qu'est-ce qui est nécessaire pour ma prochaine station ? Est-ce que je trouve vraiment tout en moi, même si ceci est encore enterré dans mon inconscient ?

J'ajuste mon rythme et je fais mes observations à l'intérieur comme à l'extérieur. Suis-je toujours en phase avec mon véritable Moi ? Quel est le coût de l´intégration des nouveaux aspects de ma personnalité ? Certains d'entre eux paraissent encore étranges jusqu'à ce que je les apprivoise (ou eux, moi ?) : suis-je encore authentique quand je les pratique avec peu de conviction ?

g) L´entre-temps

L'ancien ne s'applique plus, mais le nouveau n'est pas encore là : nous sommes dans une phase intermédiaire, qui peut être inconfortable et peut être remplie d'incertitude, d'impatience et d'agitation. Peut-être la solution réside-t-elle dans l'exercice de la relaxation et du détachement justement dans cet état de tension.

L'inconnu exerce une fascination, mais nous remplit en même temps de peur et de doute. La nouvelle identité fait déjà des pas hésitants et trébuche même sur le chemin. Je sais ce que je perds, mais je ne sais pas ce que l'avenir me réserve. Crée-les comme il te convient avec tous tes sens. Aie confiance d´exprimer toutes tes prédispositions jusqu´à maintenant restées inutilisées. Sois vraiment qui tu es dans cette nouvelle phase de vie.

"Comment suis-je censée être mon moi inconnu ?" C´est une question légitime. Peu à peu ose changer ce qui doit être changé. Sois reconnaissante pour qui et ce que tu es. Utilise ce qui a été réalisé comme un tremplin et chaque marche de l´escalier comme une base sécure pour la prochaine. Bénis chacune d'entre elle, parce que chaque étape t´a amené où tu es aujourd´hui. De ce point de vue, tout a sa place et sa justification.

La fleur de Bach « Walnut », le noyer, t´aidera à être flexible là où lâcher prise peut être difficile. Dans cette phase de changement, elle te donnera le soutien nécessaire pour abandonner ton ancienne image et assumer de nouvelles tâches. Une nouvelle identité se construit progressivement. Elle est assemblée pièce par pièce à partir d'instructions intérieures qui favorisent une meilleure identification avec l'âme.

Robert Monroe est l'un des rares auteurs qui remarque combien d'énergie est gaspillée par l'impatience et la frustration dans ces phases transitoires. En fait elles peuvent comporter des possibilités particulières. C'est un processus qui ne peut pas nécessairement être raccourci. Nous devons suivre la sagesse inhérente de faire un pas à la fois, sur un chemin confiant et libre.

Ce « temps entre les deux phases » est une invitation à faire face de façon créative à la réalité à venir : « À quoi devrait-elle ressembler ? Comment s´harmonise-t-elle avec le bien de tous ? Vis cette phase d'une manière consciente, parce que c'est un cadeau de l´existence. Surtout, il ne faut pas mépriser ce qui a été jusqu'à présent un fidèle compagnon, une fidèle compagne. Si possible, rien ne doit être détruit. Néanmoins, une chose est claire : rien n´est plus comme c´était. Qu'il s'agisse d'une relation interpersonnelle ou d'un rapport à un lieu, à une institution, à une routine ou à un groupe. La gratitude est un élément essentiel pour faire ses adieux.

Chapitre 4 : RÉSISTANCES

a) Détachement

Lâcher prise peut avoir lieu de façon progressive et douce, ou bien il peut se produire sans aucune transition.

Lâcher prise peut prendre la forme d´une réduction constante de l'affinité, jusqu'à ce que la relation fasse partie des souvenirs ou soit même oubliée, qu'il s'agisse d'une connaissance ou une amitié.

Les intérêts ainsi que les points communs diminuent. Les sujets de conversation deviennent plus rares au fil du temps. Par-dessus tout, la relation émotionnelle avec la personne, le groupe ou l'activité devient minime. Il peut y avoir une aversion ou, dans le pire des cas, un différend.

La situation est particulièrement déchirante, quand les changements d´une relation émotionnelle sont asynchrones. Et ce n'est pas rare, car les gens sont différents et la réflexion a son propre rythme. Cela peut conduire à des malentendus. La question typique se pose : « Qu'ai-je fait de mal ? » avec un sens de culpabilité ainsi que d'autres émotions inappropriées. À laquelle suit une réponse un peu édulcorée : « Rien, rien du tout, ça ne tient qu'à moi ». Énergiquement, ce qui se passe n´est pas très romantique : cependant, tout est dépendant de la résonance, et si elle est devenue trop faible, elle ne suffit pas de maintenir la connexion. Si l'on voulait suivre honnêtement la trame interne et ne pas se leurrer, il faudrait se rendre compte que les changements ont commencé plus tôt, les indications ont d'abord souligné un affaiblissement, puis une dissolution définitive de la relation ou du statu quo. Ceux-ci sont parfois très subtils et seulement reconnaissables avec le recul. En outre, il y a d'autres facteurs tels que la peur de l'inconnu, vouloir retenir ce que l´on connait, le pouvoir de l'habitude et peut-être un manque d'imagination quant à toutes les possibilités qui pourraient s´ouvrir.

Enfin, la force et la puissance de la liaison, de l'amour, mais aussi des obligations, de la loyauté, de la responsabilité doivent être prises en considération. Celles-ci relient les êtres. Elles les rassemblent à travers leurs tâches, leurs rôles, leurs devoirs, leur profession, leur routine, souvent dans certains endroits, dans certains milieux et surtout dans certains rôles.

Combien est-il difficile de renoncer à des expériences partagées et de les reléguer aux souvenirs ? Qu'il s'agisse d'une stratégie de vie fonctionnelle, d'une interaction émotionnelle, d'une sécurité matérielle partagée qui offre appartenance et cohésion ; comment peut-on se permettre un tel renoncement moral ou éthique ?

Je préférerais utiliser l´expression « laisser les choses telles quelles » plutôt que lâcher prise. Laisser les choses intactes sans aucun activisme. En un rien de temps, on en fait trop ou on en dit trop pour se justifier, pour s'excuser, pour consoler l´autre, pour protéger. Cela complique tout et peut être contre-productif. Oui, la communication est importante, nécessaire, mais la tendance à trop bavarder peut conduire à des enchevêtrements plutôt qu'à des éclaircissements.

Un être humain peut-il simplement lâcher un lien ? C'est une question philosophique qui exige des conséquences. Donc la réponse exige une attention claire. La capacité de bénir et d'être reconnaissant pour la relation ou la situation abandonnée, améliore l'ensemble du processus. Elle l´encadre dans une phase précieuse de la vie qui a pris fin. Si un sentiment de libération surgit après une séparation, il faut être en état de l´admettre honnêtement. Dans ce contexte, elle peut confirmer que la bonne décision a été prise au bon moment.

La décision de mettre fin à quelque chose est toujours associée à une « mort ». Cet acte est un défi qui exige le pouvoir de se dépasser, de grandir au-delà de soi-même - et ceci littéralement d'un point de vue énergique. La référence à une ancienne relation est plus ou moins douloureuse pour deux raisons. "C'était comme ça, mais ce n'est PLUS comme c´était". Cette phrase reflète l'aspect du temps, qui est fugace et maintenant complètement passé, pour ne plus jamais être capturé ou même répété. Ceci est douloureux, car c´est couplé avec le regret et peut-être avec une déception particulière. Dans la mesure où les illusions ont été comprises et surmontées, elles ouvrent de nouvelles perspectives et donnent de l´espoir.

La façon dont la nouvelle perspective est acquise et la réflexion qui en suit ne sont guère des processus notables jusqu'à ce que l'on soit confronté à l´évidence « Ceci ne me correspond plus ». Est-ce que ça se fait du jour au lendemain ? Non, mais les perceptions passent presque inaperçues, jusqu'à ce que la vue s´ajuste sur les faits et la manière dont on vit la relation. En fait, tout peut rester inchangé, mais la situation est évaluée, et surtout, ressentie sous un autre angle. Parfois, d´anciens doutes ou certaines réserves remontent de façon insistante à la surface, de sorte qu'ils ne puissent plus être ignorés ou refoulés.

Le moment est venu d'un nouveau revirement.

Ce ne sera pas toujours aussi facile, surtout lorsque des règles éthiques, des obligations et des liens sont en place. Mais même si la situation n'est plus tolérable, certaines personnes ne veulent pas et ne peuvent pas lâcher prise. La séparation peut s'éterniser et avec elle la souffrance et ainsi reporter une solution ou un nouveau départ à une future date. Une fleur de Bach précieuse qui offre son soutien lors de telles tendances : « Oak » (Chêne en anglais). Elle aide à lâcher prise et à transformer la persistance dans une situation intolérable.

Bien sûr, chacun a droit à ses propres réflexions et au temps nécessaire pour les conclure. L'estimation du moment approprié pour la séparation dépend de facteurs internes et externes. Il n'y a pas de recette pour cela, sauf que beaucoup de courage doit être rassemblé pour enfin faire le saut. Avec le recul, il n'est pas rare de souhaiter avoir pris la décision plus tôt.

La culpabilité, la honte, l'attachement, la dépendance mais aussi la loyauté pour le cheminement fait en commun peuvent faire traîner la fin de la relation. Les raisons karmiques et la co-dépendance peuvent ici jouer un rôle. Ce sont des constellations lourdement chargées qui s'étendent au travers de connexions fatidiques au-delà de cette incarnation, en emprisonnant les partenaires de leurs attaches crochues. (Voir mon livre : « L´illusionniste »)

b) Nouveaux indices

L'hésitation à aller de l'avant s'explique aussi par l'incapacité de créer de nouvelles normes. On a besoin de temps pour développer la confiance dans le nouvel ancrage.

Il y a un petit jeu de mot avec le "repère". La réorientation nécessite une nouvelle instance, une autre guidance: "re-père", "un nouveau père". Un nouveau père qui aide à trouver la nouvelle direction. Par-dessus tout, la nouvelle orientation est à la recherche de points de comparaison qui sont dignes de confiance pour prendre la nouvelle voie. La particule "re" est là pour souligner le renouveau - encore une fois un nouveau départ. Le concept du "père" n'est pas à comprendre littéralement ici, bien sûr, mais peut être décrit comme une figure intériorisée de l'autorité qui montre la direction en tant que personne de référence fiable. C´est souvent ce que la personne désorientée recherche : une impulsion cohérente à suivre ou bien une source d'inspiration sur son cheminement.

Les anciennes normes ne sont plus valides et les nouvelles ne sont pas encore disponibles ou reconnaissables. On est assis entre deux chaises sans savoir exactement où l´on appartient. Les nouvelles habitudes ne sont pas encore développées, les anciennes ne s´en tiennent qu´ aux gestes, même si elles sont méprisées. L'incertitude observe la carte inconnue pleine de routes énigmatiques. À ce stade, l'image de soi non formée est très réceptive aux impulsions de la nouvelle vie et de ses aspirations. L´état d´âme actuel est adaptable et plein d'idéalisme et d´espoir, enclin à réaliser de nouvelles manières de ressentir, de penser et d'agir.

Nouvellement née à travers les suggestions, consciente de soi mais hésitante, la nouvelle figure se déplace dans l'avenir en vue de l'avenir. Tant d'espace pour le renouvellement ! La mue est presque terminée, mais elle a encore besoin de temps. La métamorphose est déjà en cours.

À l'âge de 25 ans, j'étais fascinée par les araignées et je me suis acheté une tarentule. Je l´avais déjà depuis quelques semaines chez moi dans son terrarium quand je la trouve un bon matin allongée sur le dos, les « quatre fers » (en fait les huit pattes) en l'air. Comme elle m´avait coûté une certaine somme, j'ai trouvé plutôt décevant qu'elle veuille déjà me dire au revoir. Je pensais qu'elle était en train de mourir, parce que je ne savais pas que les araignées faisaient la mue. Le processus a duré quelques semaines jusqu'à ce qu'elle se tienne debout sur ses nouvelles pattes poilues. En attendant, elle a traversé diverses phases : des jours de jeûne sur le dos, des secousses pour secouer la vieille peau séchée qui était devenue trop serrée. Et enfin le glissement, qui avait l'air très laborieux au milieu d´un mélange de crampes et de secousses, lui permettant de se glisser en dehors du carcan de son ancienne peau qui était devenue trop étroite et entravait ses mouvements, ce qui a finalement initié le nouveau processus d'adaptation. Elle savait exactement quoi faire, sans hâte. Déterminer une étape après l´autre jusqu'à la formation de la nouvelle peau, qui offre plus d'espace.

La forme sèche et identique de l'araignée reste dans la position retournée, comme la preuve d'une existence passée dans une peau un peu plus étroite. Dans ce contexte, je trouve l'araignée un excellent symbole de métamorphose progressive, qui doit se créer régulièrement un espace plus grand afin de permettre son expansion naturelle.

Et donc l´être humain, aussi, a parfois besoin d'une nouvelle peau. L´évolution se traduit souvent par le besoin de se rendre dans un autre endroit, dans un environnement différent ou par un déménagement. Également dans une habitation, après une séparation les pièces sont fraîchement décorées et habitées par d´autres membres de la maisonnée. Les parents ou les couples, qui se séparent, connaissent cette situation lorsque les enfants ou l´ex - partenaire quittent le lieu de résidence qu´ils ont jusque-là partagé en commun.

L'espace, sous la forme d'un changement de conception, d'une réduction ou d'une extension, semble jouer le rôle d´un miroir dans le processus du lâcher prise. L´environnement extérieur reflète le renversement intérieur. Les espaces physiques et psychiques s'adaptent aux nouveaux paradigmes. Ou bien est-il plus probable que ce soit vous, qui vous les conceviez?

On devrait faire ces pas en toute conscience parce que la transformation, le temps et les événements entre avant et après imprègnent les deux sections : le passé et l'avenir, soit avec des intentions, des pensées ou des émotions positives ou négatives.

Nous avons beaucoup de chance si nous avons la possibilité de donner forme à la nouvelle phase volontairement. Par conséquent, elle devrait être créée d'autant plus consciemment, sachant que les circonstances extérieures et leurs possibilités reflètent les espaces intérieurs. Ils fournissent au potentiel la chance de devenir visibles. Le manque d'indice ou les conditions chaotiques indiquent quelquefois des paysages intérieurs sans structure. Les propres normes définissent les limites, la hauteur, la largeur et la taille de l'espace nouvellement acquis.

c) Apathie

La métamorphose exige perspicacité, force, courage, vision, créativité, imagination, idéalisme et passion. Ces propriétés convertissent l'énergie apathique.

LA REFLEXION fait référence à la réalisation qu'une nouvelle image de soi veut se déployer ou que cela est devenu nécessaire car elle est nourrie par des schémas dépassés. Ou vice versa : l'auto-réflexion ne correspond plus à la perception de soi que nous avions précédemment. Les deux possibilités exigent un énorme pouvoir psychologique pour faire face à la réalisation. En général, la question : « Qui suis-je ? » dans sa version plus profonde présente un défi existentiel. Il faut, en plus, des idées polyvalentes pour définir les interrelations du nouveau soi, dans le continuum temps et espace ainsi que dans le domaine interpersonnel. C'est particulièrement le cas lorsque les principes spirituels, éthiques et moraux sont pris en compte.

LA FORCE sous forme de volonté : exercer sa propre volonté et le pouvoir de rester fidèle à soi-même, sans être affecté par des pensées et actions étrangères. L'intégrité personnelle est le guide; pour en faire preuve , il est indispensable d´établir un lien avec l'âme. La force physique est également nécessaire pour changer quelque chose: tel un déménagement, mais aussi afin d´organiser d´autres étapes nécessaires pour créer un nouvel espace.

LE COURAGE sous forme de détermination, de persévérance et même d'affirmation de soi. Les priorités et les démarcations doivent être clairement définies. Cela comprend le courage de représenter sa propre individualité, le courage d'être soi-même et de suivre son propre chemin. Selon le contre-courant, l´engagement courageux peut aller jusqu'à l'héroïsme. Les dangers peuvent être fatals. Il faut du courage pour faire sauter les anciennes frontières, pour briser le mur de l'ego, parce qu'un nouveau départ signifie recommencer dès le début. La nouvelle image de soi est encore hésitante et incertaine. Les étapes dans le paysage inconnu exigent une grande puissance pour se dépasser soi-même. Cela est récompensé en favorisant la vitalité universelle : le flux ne peut qu´augmenter. Un vide entre les pôles (donner et recevoir, yin et yang) favorise la circulation énergétique. Le courage d´oser, contrairement à la léthargie, éveille les opportunités.

VISION ET CREATIVITÉ : L'homme en tant que Créateur donne expression à son être, à son essence en exprimant ce qu´il porte à l´intérieur, ce qui constitue sa contribution dans le monde. C´est son apport à l'ensemble et ainsi il remplit sa mission d'incarnation. La créativité a aussi besoin de flux : hésiter, être bloqué, manquer d´audace, retenir ses talents bloquent inévitablement le flux de la vie. Ne pas trouver ce qui nous est propre et imiter les autres, se comparer aux autres plutôt que de se prendre comme référence, déforme l'image de soi et les énergies personnelles.

L´IMAGINATION est le chemin royal d´utiliser la force de créativité. Les images intérieures façonnent l'hologramme de la réalité. Non seulement d'une manière visuelle, mais encore mieux à travers la pensée - ressenti ainsi que par les riches impressions des sens. Pour cela, il est essentiel d´inclure l'expérience de la situation souhaitée avec les 6 sens et sous-tendue par la représentation visuelle accomplie. Ce n'est pas un souhait banal. Il s'agit d'une aspiration si intense que je me vois et que je me sens déjà dans la position désirée, et que je la perçois si complètement que je l'éprouve avec toutes mes cellules. L'imagination représente la capacité de se représenter quelque chose de supérieur et d´épanouissant.

L´IDÉALISME ET LA PASSION sont l'étincelle de la motivation. Certes, il y a suffisamment de raisons égoïstes et matérialistes qui façonnent la réalité. Néanmoins, des motivations plus nobles, ainsi que l'intention bienveillante globale qui comprend tous les êtres et la vie entière, attirent le potentiel sublime des dimensions créatrices inépuisables. Elles agissent comme un aimant qui favorise une réalisation profonde de la tâche simultanément karmique. L'idéalisme fait des merveilles, pour beaucoup, proches ou loin dans le présent ou l'avenir, pour les gens que nous connaissons ainsi que pour tous ceux que nous ne rencontrerons jamais. L'idéalisme repousse les limites de l'ego, de l'imagination et du possible, ainsi que du faisable.

L'idéalisme est soutenu et nourri par l'amour et la lumière.

d) Structures anciennes

Les structures qui ont fait preuve de leur valeur flattent l´homme désorienté, qui ignore d'où il vient, où il va et encore plus qui il est. Dans cet état aveugle, les règlements, les lois et les instructions, ainsi que les interdictions, offrent protection et en même temps soutien.

L'homme a une quantité réduite d'instinct et davantage de libre arbitre. Dans le cas des animaux, c'est l'inverse. Pour l'homme, la programmation naturelle dans le règne animal semble si enviable qu'il prescrit et ordonne constamment des « instructions d'utilisation » précises. Bientôt, il y en aura une qui dictera comment respirer. Peut-être serait-ce même une bonne idée, parce que la plupart des gens ont oublié de respirer correctement et ne respirent que trop superficiellement, trop vite... Des interférences de toutes sortes s´immiscent de plus en plus dans la vie privée de « l´ignorant », du « non-expert » pour l´organiser jusqu'aux moindres détails. Il y a tellement de mesures avec des sous - paragraphes illisibles (et de toute façon incompréhensibles) qu´il est impossible de les connaître ; ainsi finissons-nous tous par commettre des crimes mineurs - sans le savoir.

Les lignes directrices sont essentielles à la coexistence. C'est indéniable dans un monde où il y a une si grande population humaine. Elles confèrent également ordre et fiabilité dans la vie privée. Je suis la reine de mon royaume et il règne un certain ordre chez moi pour simplifier et optimiser mon mode de vie. La discipline est une de mes meilleures amies. Cependant, elle doit être flexible et humaine, elle doit servir la bonne cause et ne pas la perdre de vue. Dans le cas contraire, les règles seront ajustées, améliorées ou simplement enfreintes. L'équilibre se situe entre le cœur, la tête et le ventre. En outre, le tout est couronné par mon instance supérieure.

Ainsi, un semblant de sécurité se poursuit dans la vie quotidienne. Je ne suis pas une nomade qui doit adapter ses actions quotidiennes au nouvel environnement chaque matin. Mais c'est ce que j'ai été à plusieurs reprises durant mes voyages. Et c'est précisément ici que je me fixe des priorités claires, qui facilitent mes actions quotidiennes. Elles sont synonymes de stabilité, surtout quand elles sont auto-déterminées. Leur sens est évident et leurs avantages immédiats, de sorte qu'elles sont intégrées de manière naturelle dans la vie de tous les jours.

Les lois et les règles étrangères qui nous servent ainsi que le public et le grand tout sont aussi porteuse de sens, dans la mesure où l'on est capable de surmonter le regard myope et égoïste. Cela inclut la décence en tant que lubrifiant interpersonnel pour la vie quotidienne. Considération, tolérance, bonté illuminent les rencontres quotidiennes avec nos connaissances ainsi qu'avec les étrangers. Elles devraient être d'autant mieux soignées, précisément parce que nous entrons en contact avec tant de gens chaque jour. Personne n'est étranger, car nous partageons tous un dénominateur commun, à savoir l'existence humaine.

Ensuite, il y a des directives qui sont rapidement adoptées quelque part, à un moment donné (même en secret !), ainsi que d'autres harcèlements, dont seule une minorité bénéficie. Ceux-ci provoquent la désobéissance civile quand ils violent l'humanisme et l'éthique de base.

Notre vie quotidienne est pleine de règles de conduite qui nous donnent un semblant de sécurité. En réalité, elles ont un caractère fugace et transitoire. Il est toujours important de se rappeler l'aspect fragile de ce mur de haute construction : certains s'effondrent du jour au lendemain.

Il en va de même pour les habitudes. Cependant, elles ont besoin d'une considération unique. Chaque jour, elles nous donnent confiance. Tant et si bien que, quand elles nous submergent, nous tombons dans l'automatisation. Cela signifie que nous sommes contrôlés par la routine. Cela peut nous sembler très pratique, à tel point que nous n'avons plus besoin de penser ! Imaginez que la pensée, cette capacité qui, paraît-il nous distingue des animaux, ne soit plus nécessaire ! Que sommes-nous sans cette capacité mentale ? Un animal ? Non, bien moins qu´un animal. Nous ne sommes alors qu´un robot et utilisons notre cerveau encore moins que nous le faisons habituellement. Encore moins que les fameux 10%. Dans ce cas, il ne reste que très peu de cette qualité humaine en tant que soi-disant couronnement de la création. Mais on aime bien ce qui est "pratique". Cela permet de faire avaler aux gens les pires techniques et de les contrôler à distance jusqu´aux recoins les plus profonds de leur cerveau. Transformer un humain en robot. Les apprentis sorciers savent comment faire et nourrissent des rêves mégalomaniaques de surveillance totale. Ce sera certainement pratique ! Pour qui ? Pas pour les surveillés, mais alors il sera trop tard pour déplacer même le petit doigt d'une manière non autorisée. Le principal, c´est que tout le monde soit rendu heureux de force. Sauf peut-être une petite minorité - comme on dit si bien.

Revenons à nos habitudes. Au moins, elles sont auto-sélectionnées. C´est ce que nous croyons jusqu'à ce que nous les regardions de plus près ! Combien d´habitudes avons-nous empruntées de la maison parentale, des ex-partenaires, d'anciens emplois et de déformations professionnelles ? Même quand nous habitons à l´étranger, nous imitons le collectif environnant. Il s'agit d'un comportement adaptatif naturel qui nous donne un soutient, rend la vie commune plus agréable et nous soude ensemble. Beaucoup sont sympathiques : Rarement ai-je l'occasion de profiter d'une tasse de thé à 5 heures, au bon milieu de l'après-midi. Mais c'est un bonheur. À l'âge de 18 ans en tant que fille « au pair » je devais préparer le thé pour le « grand-dad ». Le souvenir me touche et j´adore le goût du thé.

L'homme est largement guidé par son instinct de troupeau : vouloir être comme les autres, c´est la base de la mode qui est très appréciée pour son caractère uniforme.

Au-delà des habitudes utiles, il en y a de néfastes qui affaiblissent la force vitale jusqu´aux dépendances qui détruisent la personnalité. Tout le monde en fait est confronté de temps en temps à des petites addictions, en particulier dans cette folie de consommation.

Nous pouvons devenir esclaves de la routine. Elle adopte alors un effet émoussant et restrictif et renforce les œillères. L'automatisme, la télécommande, la programmation, les croyances, les interdictions intériorisées et les formes de pensée ont tendance à se glisser dans la routine journalière pour tout lubrifier, si bien que l´on finit par mener une vie quotidienne dans un état semi-conscient. Alors il est temps (encore mieux avant) de mettre le réveil à sonner, pour se réveiller et tout faire autrement, déménager, nouveau boulot, nouvelle relation.

Non, excusez-moi, c´est exagéré ! Commençons par de petits changements tels que prendre un nouveau chemin pour aller au travail ou prendre un thé maté au lieu de boire un café pour se réveiller. Un peu plus attentif, un peu plus conscient, ouvrir les yeux, ouvrir le cœur et respirer l'air plus lentement et plus profondément. Même si vous perdez cinq minutes et que cela ne vous rapporte rien, vous êtes beaucoup plus riche, parce que la sensibilisation n'a pas de prix. Les sens, les capacités supérieures ainsi que le cœur sont émoussés par la routine.

Le potentiel mental supérieur, l'inspiration, l'intuition, les flashs, les inventions et les impulsions créatrices, la pensée individuelle et originale, sont négligés. La « pensée » se concentre sur les opérations quotidiennes, l'organisation, la routine, ainsi que l'exécution des ordres. Les capacités cognitives supérieures sont partiellement paralysées ou étouffées par le manque d´utilisation ou bien elles sont mises à contribution unilatéralement pour la profession. En outre, tout le regard intérieur peut être limité et unilatéral. Et la perception extérieure offre une perspective uniforme et appauvrie. C'est ce qu'on appelle « l'effet tunnel ».

De même, sur le plan physique et matériel, les habitudes ne sont pas bénéfiques à long terme. C'est même une bonne idée d'interrompre occasionnellement les meilleures routines, même la méditation, par exemple. Pendant ma pratique de la méditation, j'ai vécu une phase dans laquelle je n´arrivais pas à rester assise tranquillement. Tout se rebellait en moi. Impossible. Je me suis inclinée à cette impulsion intérieure et j´ai pris une pause - avec mauvaise conscience. Je voulais être tellement spirituelle et trouver mon chemin ! À un moment donné, le besoin spontané et urgent de retrouver une conscience plus profonde s'est emparé de moi. J´ai donc repris mes méditations. Avec grande surprise d´ailleurs : jamais auparavant je n'avais atteint ces niveaux sans effort. Grâce à la distance et au répit, une libération plus basique a eu lieu avec un effet fluide et libérateur sur mon mode de méditation.

Les pauses ont un effet comparable sur le corps. Semblable à l'interaction naturelle entre chaud et froid, par exemple elle est ressentie comme stimulante, rafraîchissante et généralement bénéfique. Les douches chaudes/froides, les bains de pieds chauds/froids, marcher pieds nus dans la neige, après quoi on les sèche et on enfile des chaussettes chaudes sont des exemples simples qui revigorent. Grâce à ces exercices, on se sent éveillé, vivant, ancré et bien dans son corps. D'autres applications alternantes et énergisantes, qui influencent l'équilibre de l'organisme entier : calme et mouvement, intériorisation et convivialité, activités pratiques et artistiques. Maintenant, revenons à un exemple simple : même la meilleure tisane, que vous souhaiteriez boire tous les jours et indéfiniment, devrait être mis en pause. Un jour par semaine est une règle simple. Le corps mais aussi l'esprit - ainsi que toute la personne - sont impatients et mobilisés à reprendre l'habitude agréable. Une relance donne au système un petit coup de pied, un appel renouvelé qui rend la reprise ou la réabsorption plus efficace. Après la pause, le remède, le thé, la méditation, sont plus efficaces. L'interruption de la routine offre une occasion unique de développer de nouvelles pratiques, qui peuvent être mieux adaptées à l'étape actuelle de la vie. La distance et la nouvelle perspective, offert par le répit de la routine, fait découvrir une fissure minuscule ou même une égratignure dans la forteresse de l´habitude, ainsi que de nouvelles visions pour une future image de soi qui a longtemps attendu le baiser qui va l´éveiller à la réalité actuelle.

En prenant distance et en faisant une pause, l'homme s´éveille, redevient présent, centré, réceptif, il fait un avec lui-même et s´ancre en lui-même. Ces qualités d´alignement et cet état sont la seule sécurité qui existe. Par conséquent, il est logique de remettre en question toute habitude, croyance, routine de temps à autre et même régulièrement. Sinon, la routine s´automatise et le robot obéit complètement et fait ce qu´on exige de lui. Il fonctionne sans conscience.

e) Relations à long terme

Les relations persistantes sont notre plus grand trésor personnel. Je rassemble l´interrelationnel familial ainsi que les amitiés de longue date.

Les membres de la famille comprennent à la fois les membres de la famille d'origine et ceux de la famille qui est fondée avec le partenaire. Ce sont les personnes que nous connaissons le plus longtemps et par conséquence le mieux. Espérons aussi celles avec qui nous partageons l'affection et l'amour les plus profonds. Notre famille d'origine est la plus proche : nous connaissons ses membres tout au long de notre vie et ils nous accompagnent jusqu´au tombeau. Nous partageons nos gènes et notre sang avec eux. Nous portons des informations génétiques similaires, ainsi que des habitudes familiales et des souvenirs communs.

Notre famille est notre bénédiction. Sans nos ancêtres, nous ne serions pas en vie. Cependant, le clan peut avoir un effet inhibiteur sur notre transformation. Le clan a une fonction de contrôle. Le prix de l'appartenance peut être très élevé. La différence, les déviations de rôle, les nouvelles identifications, la recherche de l´identité, les idées et les comportements dissidents sont parfois confrontés par la confusion, l'incompréhension, le rejet ou même l'éjection.

La famille peut être tout aussi solidaire, cohésive, éducative, enveloppante et nourrissante qu'elle peut être destructrice, coercive et punissante. Elle peut retirer l'amour qu´elle nous a divulgué. Il est évident que chaque communauté familiale définit ses propres limites et son niveau de tolérance. Dans son noyau, la famille forme une unité avec un certain code partagé et un code tacite, donc jamais énoncé ouvertement. Celui qui le dépasse pour quelque raison que ce soit doit être rappelé à l´ordre. Cela serait bien intentionné. Parallèlement, il y a toute une liste de conditions préalables et de raisons, qui sont censées être destinées "à ton bien-être". Mais les structures familiales ne sont pas faciles à ébranler « Nous ne voulons pas de quelqu'un comme ça dans notre famille ». Le rejet et l´exclusion sont les sanctions les plus sévères.

Il est évident qu'une tension se dessine entre « ton bien-être » et « notre identité, notre honneur, notre réputation ». Clairement, cela signifie : « Si tu veux encore être l'une des nôtres et bénéficier des avantages de notre communauté, il est prévu que tu te comportes, que tu penses, que tu agisses et que tu aies la même apparence que nous... » « Tu peux faire ce que tu veux de ta vie, MAIS ... ». Tout est intentionné, comme d´habitude. Non seulement, il y a un manque de respect et de reconnaissance pour une nouvelle identité naissante, mais elle est littéralement étouffée dans le noyau.

Une des grandes tâches de notre existence humaine est d'accepter autrui, dans ce cas un membre de notre famille, tel qu´il est / telle qu´elle est dans son humanité et tout en lui divulguant l'amour familial. Certains changements dans la vie peuvent être un défi pour ceux que nous aimons et pour notre réciprocité La compréhension et la tolérance sont notre domaine de pratique. Que cela permette à tous ceux qui sont impliqués de grandir.

Certaines personnes qui sont en train de contribuer à quelque chose de nouveau, à l´expérience du pool génétique, ont tendance à faire face aux jeux de pouvoir, de la confrontation ainsi qu´aux tentatives subtiles, manipulatrices et même répétées de contrôle et d´anéantissement du nouveau comportement et des transformations importunes. L'ouverture, le respect mutuel et l'acceptation inconditionnelle en tant que valeurs familiales ne vont pas de soi. Parfois, il est nécessaire de fixer des limites claires et même de prendre une pause de l´environnement familial. Celui / celle qui œuvre pour le renouvellement se retrouve alors en mesure de secouer vigoureusement les restrictions et de s'affirmer clairement. Peut-être que ces mesures sont nécessaires pour ne pas être piétinés par son propre clan.

Le facteur temps et une évolution parallèle sont souvent des catalyseurs sous-estimés qui révèlent des idées, des aspirations et quelques secrets : « Quand j'étais jeune, j'étais en fait comme toi, mais la vie a pris son tribut d'engagement, d'adaptation. Et peut-être que j'ai été distrait de mon chemin. » Ces aspirations et désirs abandonnés ou étouffés trouvent alors une expression dans la petite-fille, dans le neveu, qui est prêt à incarner cette vision dans un temps qui peut être plus réceptif.

La génétique et l'épigénétique se sont déclarés la guerre dans certaines communautés. D'autres accueillent favorablement le renouveau : énergies, trésors d´idées et d´expériences vivifiantes et exaltantes s'écoulent dans le domaine morphogénétique de ce groupe particulier, au lieu de réitérer les destins aux répétitions éternelles, qu'il s'agisse de maladies, de prédispositions, d'aberrations ou de souffrances. La génétique est façonnée par le principe de prédestination : les caractéristiques présentes dans les gènes sont héritées et ainsi transmises et revécues. L'homme est une machine, un ordinateur, un robot contrôlé à distance - ou à proximité - par l'information. Nous portons le patrimoine génétique en nous : le rhumatisme de grand-mère, la tendance controversée de l'oncle, le génie de la mère, la beauté du père. Et en outre, elle explique presque tout - superficiellement - mais efficacement : il n´y a pas de doute et pas de remise en question. Bien sûr, la génétique a raison ! Mais elle n'explique pas tout et ce n'est en aucun cas le seul facteur qui façonne l'être vivant. La vie n'est pas un produit prédéterminé.

S´opposant au postulat anti-vie de la génétique, il y a l'épigénétique, le libre arbitre, l'autodétermination et le mode de vie créatif. Épigénétique signifie ce qui se trouve au-delà de la génétique. Elle souligne les influences qui enveloppent le patrimoine génétique. L'épigénétique montre que les influences de l'environnement, telles qu'un autre régime alimentaire, des précautions sanitaires, des conditions de travail, des attitudes mentales et intellectuelles, peuvent déterminer positivement le potentiel génétique original. En particulier, dans le cas des maladies héréditaires, des mesures appropriées et opportunes peuvent être prises qui influenceront le patrimoine familial de façon bénéfique.

La génétique et l'épigénétique ne sont pas opposées. En fait, elles se complètent. La génétique révèle des programmes génétiques. Grâce à l'épigénétique, on peut offrir parallèlement des approches thérapeutiques appropriées provenant de différents domaines afin d'inverser, d'équilibrer, de guérir ou du moins d'affaiblir durablement des conditions pathologiques. Libérons-nous du prédéterminisme qui piège l'homme dans l'étroit carcan, négatif, préprogrammé de la maladie ou de modèles de comportements destructifs ! Que les hommes reprennent la liberté de contrôler leur destin et d'être dignes, libérés de la souffrance et de la peur. La science de l'épigénétique est prometteuse : elle offre de nombreuses possibilités de stimuler l'autodétermination et la responsabilité de soi. Non seulement pour l'individu, mais progressivement les programmes restrictifs de la famille seront complètement libérés et transformés en modèles d'affirmation de la vie. Le pool génétique enregistre et stocke les nouvelles informations dans le futur karma familial. Peu à peu, de plus en plus de membres du groupe bénéficient de la guérison. Et finalement, il n'y a qu'une seule famille : la famille humaine. Ainsi, l'humanité tout entière peut aider à façonner une nouvelle image de soi : confiante en tant qu'être divin éternel, multidimensionnel, créatif et participant à l'unité avec la nature.

En ce qui concerne la situation familiale, j'aimerais mentionner un aspect supplémentaire. Il fait référence à l'influence des membres de la famille en tant que champs de programmation. Au sein du noyau de la famille il y a une vibration similaire, qui appartient seulement à ces personnes et à laquelle elles seules peuvent accéder. Ce sont des modèles très profonds et archaïques qui définissent les participants du groupe dans leur ensemble. Certains remontent à des vies antérieures et aux incarnations communes que nous avons partagées avec des gens qui sont maintenant nos parents, nos frères et sœurs. Les motifs psychiques sont introduits dans cette vie et vécus non filtrés dans l'état inconscient de l'enfance. Les membres de la famille nucléaire sont souvent ceux qui nous ont connus au stade de l'impuissance et de la vulnérabilité du bambin. De par cela, ils ont un accès unique à des modèles non protégés d'impuissance, d´ouverture et d´impuissance que l'enfant intérieur porte encore en nous. Les relations familiales sont les plus difficiles : elles nous touchent au plus dans notre être, qu'ils soient douloureux ou agréables. Inconsciemment, nos proches savent sur quels "boutons" appuyer - et vice versa.

Notre relation avec les personnes de connivence et les amis est quelque peu différente. Nous les avons rencontrées beaucoup plus tard dans notre développement. Mais aussi l'amie d'enfance est venue dans notre développement quand nous étions déjà plus matures ou plus stable dans notre personnalité. L'amitié est un grand cadeau.

Ils constituent à eux deux les deux types de proximité privée les plus durables : celui que nous partageons avec les membres de la famille ainsi que celui que nous avons en commun avec nos amis. Cela les rend d'autant plus ardus lorsqu'ils ne sont plus en mesure de soutenir et d'accompagner nos changements. La communauté intense peut s'avérer être une structure aliénante qui fait tout pour nous emprisonner dans les anciens modèles de comportement et de croyance. C'est le cas lorsque l'évolution n'est plus synchronisée. Quand chacun a trouvé son propre rythme, il se peut qu´il y ait de moins en moins de similitudes. Les sujets de conversations deviennent plus rares, les plats préférés communs n´ont plus le même goût, l'enthousiasme pour les souvenirs du passé agacent ou énervent. L'altérité augmente, les points communs s'amoindrissent. Parfois, on ne se « reconnait plus » l´un l´autre. L'une s'est développée, mais l'autre est restée dans sa position de fonctionnement : la résonance n'existe plus. Dans le pire des cas, l´amour fait place à d´autres sentiments et il y a des conflits. Dans un couple, il peut avoir des conséquences dramatiques. Cependant, le flux de la vie ne tolère pas de barrage, la vie est flux d'énergie.

De telles phases de désintégration peuvent être très douloureuses mais elles initient un questionnement fondamental. La métamorphose est un processus intransigeant qui exige une nouvelle orientation dans des espaces clairs de liberté.

Ce qui existe s'évapore (ou ce qui a été considéré comme stable depuis longtemps) et crée de l'espace pour l´inconnu, pour l'avenir, pour l'évolution.

Cette étape de la transformation peut être perçue comme très douloureuse et déchirante : ce sont les contractions de l'accouchement.

Du processus yin de l'évolution le nouveau soi est né. Un acte puissant de création, auquel cas la naissance et le fait d´engendrer ont lieu de façon analogue dans le cocon.

f) La puissance des ancêtres

Il convient de mentionner, parce que moins connu, le rôle des défunts comme un facteur de freinage. Énergiquement, ils présentent des similitudes avec les relations que nous entretenons avec les membres de notre famille et les amis dans cette vie.

Même lorsque l'homme quitte son corps physique, sa présence désincarnée persiste. Dans la mesure où il a encore des "attachements" aux gens, aux actions et à des aspirations sur terre, sa charge émotionnelle et mentale ainsi que son influence sont palpables. Je ne parle pas ici de possession, mais de déficiences beaucoup plus subtiles transmises par certains champs morphogénétiques. Ils sont en effet en mesure d'exercer leur influence sur le comportement d'une personne incarnée et de bloquer partiellement son développement. Cela se fait par le biais de formes de pensée, qui à leur tour contrôlent l'état émotionnel de la personne incarnée.

Non seulement la famille et les amis de l'au-delà, mais également d´anciens partenaires d'affaires, des maîtresses et d'autres personnes qui n'ont pas lâché leur influence sur les événements terrestres peuvent parfois interférer. Il se peut, par exemple, qu'ils veulent prévenir ou forcer quelque chose comme une vente de maison. Mais aussi, ils peuvent être désireux de protéger quelqu'un en particulier, de le conduire à une action, ou de l´orienter dans une certaine direction. De telles influences sont bien intentionnées, cependant elles ont lieu à l´encontre du libre arbitre des vivants : ce genre de manipulation brise les principes fondamentaux des lois cosmiques. Ces bandes enfreignent la liberté et la dépendance. Leur tâche est d'apprendre à lâcher prise, donc le "non-attachement".

Cependant, il est essentiel de comprendre que rien ne se passe sans résonance. De même, si l'association est inconsciente. Tout a toujours deux côtés : l'un recevant et l'autre donnant - donc le flux d'énergie circule pour que l'influence puisse circuler. Entre les êtres proches se créent des énergies morphogénétiques qui favorisent la réciprocité et la connexion. Cependant, chacun est responsable de son intégrité personnelle.

Un exemple commun d'influence subtile est l'empreinte mentale des femmes de la lignée familiale paternelle ou maternelle. Elle peut inclure la mère décédée, la grand-mère, l´arrière-grand-mère, les tantes, les cousines. Il en va de même pour les autres membres féminins de la famille que nous n'avons pas rencontrés de leur vivant. Bien sûr, ces femmes ne veulent "que le meilleur" pour la dame qui est actuellement incarnée. Peut-être inquiète-t-elle ses ancêtres parce qu'elle cultive une vision actuelle et autodéterminante de sa vie qui ne correspond pas aux traditions de la famille. Elle veut mener sa propre vie, être libre et indépendante, et peut-être travailler dans un domaine où il y a peu de femmes. Son apparence et son comportement ne sont peut-être pas conventionnels. Elle est ouverte au changement et les introduit courageusement dans sa vie. Elle « n'obéit pas à son mari » ou elle a divorcé. Les membres de la famille féminins de l'au-delà ne comprennent rien à ce comportement moderne : elles le condamnent et se considèrent responsables de mettre de l´ « ordre » dans la vie de la jeune femme. Leurs jugements, leurs préjugés et leurs interférences fonctionnent par vibration dans l'émotionnel - et dans le corps mental de la dame émancipée. Peut-être développe-t-elle des sentiments de culpabilité, elle hésite, ou elle se sent bloquée dans son action ou dans son pouvoir d'agir. La même chose arrive, bien sûr, aux hommes. Traditionnellement, il existe plus de coercition dans le rôle des femmes. Aujourd'hui, alors que le féminin redevient conscient de son pouvoir et de sa force, les ancêtres ont beaucoup à faire s'ils veulent empêcher cette expansion de la conscience. Heureusement, ils sont souvent ouverts aux suggestions, ce qui devient évident au cours des sessions de lecture d´aura. Elles se rendent compte alors des avantages de la transformation, dont elles bénéficient elles-mêmes.

Il n'est pas rare pour une cliente de présenter ce sujet dans une consultation d´aurathérapie. Comme nous travaillons sur les blocages et leurs causes, l'influence de certaines des défunts est révélée. De temps en temps, je vois toute une queue d'ancêtres debout derrière la cliente avec l'intention de la distraire, de la détourner de son chemin progressif et de la ramener « sur la bonne voie ». Comme nous l'avons déjà mentionné, grâce à un travail cohérent, elles sont elles-mêmes ouvertes aux idées actuelles.

CHAPITRE 5 : MÉCANISMES D'AUTO-CRÉATION

a) L'homme Créateur

La refonte de la réalité et la création de sa propre image sont étroitement liées. La nouvelle image exige ou évoque un monde extérieur qui correspond à la nouvelle conscience. Cet ordre logique est souvent négligé. C'est l'une des raisons pour lesquelles les recette à "créer une nouvelle réalité" ne fonctionnent pas vraiment. J´envisage et je sens mon nouveau moi avant d'exercer mon pouvoir créatif sur la réalité. Il y a un avantage considérable à cela : il est plus facile et cela coûte moins d'effort, d'influencer l'image de soi que de réorganiser les espaces universels des variantes. En outre, l'un influence l´autre de façon intrinsèque. L'accent est mis sur l'autoréflexion, qui à son tour se traduit presque sans effort dans l'environnement et sur les événements.

Ai-je droit à quelque chose d´autre, quelque chose de meilleur ? Est-ce qu'un environnement approprié correspond à mon nouveau moi ? Quel type exactement ? Est-ce que je mérite quelque chose de plus beau, de plus cher, de meilleur qualité, de plus spacieux, de plus intelligent ? De telles questions présupposent un examen de qui est-ce que je veux devenir, avec des droits et des besoins personnels. Une nouvelle coiffure, la recherche de l'appartement de rêve, enfin l´occupation qui me convient. Tous reflètent ma réorientation actuelle.

Afin de faire cette revendication, nous voulons tout d´abord considérer l´être humain en tant que créateur. Pour beaucoup il y a le Créateur (peut-être la Créatrice, ce qui serait plus précis et approprié, même si la grammaire et la sexualité n'ont pas de place dans les dimensions les plus élevées) et le résultat de son activité créative : appelée création. L'homme en fait partie.

À partir de quoi est-ce que le Créateur crée-t-il ? Le postulat repose sur l'unicité de l'impulsion créatrice. Il n'y a rien d'autre que le tissu divin, le créateur, qui inspire le pouvoir créatif d´engendrer un miroir afin de créer une interaction. Partant de là, et à son tour, la connaissance est acquise afin d'exprimer la multiplicité de l'unité originelle. La création vient de l'impulsion divine de la création. La conclusion est la suivante : toute la création est d'origine divine et implique le Divin en lui-même.

L'homme, porteur de l'étincelle créatrice, devient un créateur. Dieu crée le monde; l'homme crée sa réalité. Essentiellement, il s´agit de la même vigueur, de la même vivacité. Cette force motrice correspond à la propriété originale de l´élan vital en relation avec l'information qui définit la forme, lumière et résonance.

Le son, le mot, est le déclencheur. Dans un sens figuratif, le mot représente aussi le mot réfléchi, la pensée. Aussi il en émerge des vagues, des rythmes et des formes géométriques (voir le travail avec les sons chladniques, les photographies de Dr. Emoto et la recherche scientifique et artistique de Lauterwasser, etc.). Notre « paysage de pensée », la qualité entière des pensées, leur ton fondamental reflété dans l'aura, colore et font vibrer l´aura dans le cosmos. Les pensées s'écoulent vers le monde émotionnel et forment la matrice de soutien de l'être.

Les pensées ont des caractéristiques vibratoires. Quand je suis malheureuse et que je porte du ressentiment, de la tristesse ou des états d'esprit similaires dans mon champ energétique, ces fréquences façonnent mon aura, mes organes, mon caractère - et les traits de mon visage. Les pensées persistantes exercent continuellement leur influence sur les cellules ainsi que sur les liquides – les humeurs - (l'eau est aussi un porteur d'information important en tant que fluide corporel), avec leurs effets correspondants. Au fil du temps, ils se retransmettent sur l'ensemble du comportement et de l'apparence. Le charisme de l'aura trahit tout. Chaque être humain le reconnaît instinctivement et immédiatement. Les cellules sont télépathiques et absorbent immédiatement les vibrations qui façonnent l'aura et le corps physique. La psychosomatique connaît l'importance de l'interaction entre la psyché et le soma, l'esprit et le corps. Les processus de pensée positive nous rendent sains, gais, ouverts, chaleureux et attirent quelque chose de semblable. La fréquence et même la persistance d'une attitude particulière imprègnent un message clair, par opposition à une constitution unique ou rare. En outre, les processus mentaux conscients et inconscients ou même profondément enterrés se mélangent, résonnent et donnent le ton dans les corps subtils, dans les tissus ainsi que dans le sang. Ils influencent également la posture et le comportement. Ce n'est rien de mystérieux. Il s'agit même d'un fait facile à observer.

L'homme, poussé par l'étincelle divine, façonne son environnement avec sa pensée - ressenti. Les fréquences attirent des rayons tout aussi vibrants, les personnes avec les émotions et des pensées similaires également. « Tout ce qui se ressemble s'assemble » et continue à créer quelque chose de similaire. Même l'homme qui a oublié ou négligé sa qualité créatrice est tout autant inclus dans ce processus de création. Néanmoins, le résultat est confus, inconscient et caractérisé par des influences étrangères : Un miroir de peur, de coïncidences désordonnées, de motifs non structurés et discordants couplés à des proportions géométriques agitées et irrégulières. Différents êtres réels dans la création sont réceptifs à cela : l'univers enregistre tous les messages qui sont envoyés consciemment ou non.

L'homme qui a reconnu sa vraie nature créatrice, pense, sent, vit et se comporte en conséquence. Cette reconnaissance n'a rien à voir avec l'intelligence, la philosophie ou l'ésotérisme. Mais c'est le reflet de son moi authentique. Le pouvoir d'intention le façonne et le guide. La responsabilité envers soi-même et les autres êtres, la clarté de l'action et surtout la confrontation avec son aspect pensée - ressenti sont des témoins de sa vie intérieure.

Et donc il /elle crée un monde significatif qui correspond à sa vérité. Il / elle crée une oasis particulière, qui correspond toutefois à des personnes avec des principes semblables (des gens sur une même longueur d'onde) et partage également leur qualité enrichissante en tant qu'une contribution au grand être cosmique.

De temps en temps, l'esprit peut avoir du mal à relier l'auto-création, puis la nouvelle création du soi avec la transformation de la réalité. Dans la vraie vie, ils sont en parallèle. Ce qui arrive même plus souvent, c'est que l'on remarque d'abord que quelque chose de l'extérieur ne correspond plus : le chaos apparent accompagne le renouvellement qui a lieu à différents niveaux et à différents rythmes.

À chaque instant, l'homme, porteur de l'étincelle divine, crée son monde et apporte sa contribution à la « réalité ». Cet enfant de la création, qui crée constamment dans le même processus, crée des vagues de pensée qui reflètent son moi intérieur. L'homme Créateur atteint la connaissance de soi à travers l´introspection et à travers l'action extérieure (où le fait de ne pas agir est aussi action).

Il y a longtemps, l'homme a été privé de son rôle créatif ou, plus précisément, de la connaissance de ce rôle de créateur. L'ignorance de son trésor et l'oubli de sa créativité divine inhérente, le rendent petit et impuissant. Maladroit et perdu, il fait face à son puissant désir de créer.

Il est grand temps que l'homme se le réapproprie.

b) L'inconscient devient conscient

L'homme, ignorant de sa capacité de création, se trouve comme dans un coma éveillé. Ainsi est-il animé par et au travers de manipulateurs réels et astraux, par des programmes inconscients, des instincts et des motifs égoïstes, ainsi que des impulsions spontanées. Les valeurs éthiques, morales, spirituelles et les parties saines de la vie réapparaissent aussi de temps à autre.

Cela crée une « confusion » qui est soutenue par une « existence agréable ou confortable », qui caractérise de nombreuses « vies bien vécues ». Cette condition est considérée souhaitable par beaucoup. Ce qui est parfaitement compréhensible et génère en soi beaucoup de "bon et positif" dans ce monde.

Parfois, cela ressemble à une couche superficielle de vernis qui ne suffit pas à explorer un terrain plus profond. Détourner le regard, balayer les choses sous le tapis, tout avaler, écarter les choses qui dérangent, le refoulement et la suppression, tout cela se trouve sous la surface. Souvent, une harmonie monotone est maintenue afin de maintenir la technique d'évitement pour continuer, comme d'habitude.

Est-ce une vision pessimiste et médiocre de « l'homme bon » ? "Le Bon Homme" dans sa satisfaction désirée. Je cultive aussi cet aspect car il est crucial pour une base saine et fructueuse de l'interaction quotidienne. Il devient problématique, voire contre-productif, lorsqu'il considère ce qui a été réalisé et atteint comme un but en soi. Regard myope qui refuse de regarder à droite et à gauche et regarde avec satisfaction son travail (et sa vie) avec un doux soupir d'accomplissement matériel qui n'ose pas exiger d´avantage. Ici on ne parle guère de création, mais plutôt d'imitation. Mais "tout va bien", selon le dicton à la mode. Parfois, avec ma tendance provocante, j'aimerais demander, « Oh vraiment? Êtes-vous sûr que tout va bien ? »

S'il vous plaît, ne me méprenez pas ! À travers ma constellation astrologique, j'ai tendance à être harmonieuse, jusqu´à la compulsion ridicule de préférer constamment le bon, gentil, propre, soigné et confortable. Puis j'allume mon regard clairvoyant perçant et je commence à secouer le tout pour l'examiner plus profondément. Car le superficiel ne m´apporte pas la paix; je suis obligée d´ aller en profondeur. Pouvez-vous imaginer à quel point cela est fastidieux ? Au fil du temps, j'ai appris à apprécier ce trait. Je l'accepte et je suis reconnaissante pour cette tâche qui me définit car elle implique mon impulsion transformatrice.

Etes-vous capable de vous regarder dans le miroir en fixant votre regard ou vous sentez-vous mal à l'aise ? Si c'est le cas, alors il est temps de faire du rangement - et en effet, de tout sortir, pièce par pièce de la cave de la conscience.

Pourquoi, alors que « tout semble aller bien ? » Parce que la conscience est la lumière pure et elle traverse tout jusqu'à ce que le cœur devienne clair et authentique. Alors et ce n'est qu'alors que l'amour peut s'exprimer.

L'amour n'est pas une couche de vernis, ni un « sentiment ». L'amour est si profond, si haut et si large que le concept surpasse toute imagination. L'amour et la lumière sont les deux aspects de l'Un, de la Conscience Unique.

Faisons une pause réconfortante sur le chemin de la véracité. Je pense à moi quand je me vois confrontée par des évolutions malheureuses dans le monde. Si les deux côtés de la même pièce amour et lumière contiennent l'ensemble de la création, alors il y a une pléthore de cohésion, cette puissance qui rallie tout et garde les planètes en orbite ainsi que l´ensemble des cellules de mon corps. Car malgré tout, le cosmos continue de se dérouler dans sa splendeur infinie, même si les travaux chaotiques de l'éveil font des ravages.

Après l'harmonie, le « tout va bien » et la courte pause, nous voulons cependant continuer. Nous ne pouvons pas nous reposer sur nos lauriers, car nous n´en n'avons pas encore récoltés. La conscience fait des recherches et elle veut continuer à remettre en question et à explorer. L'harmonie et la satisfaction en sont la base, la condition préalable, le tremplin pour le travail proprement dit. Maintenant, l'exploration spirituelle, l'œuvre elle-même, commence.

La connaissance de soi relève de ce que nous avons apporté de vies antérieures, de ce que nous avons hérité, et de ce que nous avons entrepris de réaliser durant cette incarnation. Ce n'est que par le processus du vécu et de l'interaction que nous rencontrons nos trésors et nos tâches intérieures. La vie signifie : exprimer qui je suis et ce que je veux devenir dans le continuum espace - temps, pendant l'incarnation terrestre. L'échange avec le tout et tout ce qui est présent dans l´instant présent révèle les capacités et en même temps les déficiences et il offre toujours de nouvelles possibilités de réagir. La liberté, la responsabilité et l'honneur du cheminement, les interactions humaines, les événements et bien sûr la nature sont nos guides spirituels dans l'inconnu appelant la lumière et luttant pour la conscience.

L'invisible devient conscient : je vois ce que je ne connaissais pas et ne suspectais pas en moi au préalable. Je me montre à moi-même, aux autres et au monde entier, je me montre telle je suis, ce qui est en moi et ce qui veut être exprimé. Ce qui est miroité devient à son tour un miroir, une lumière ou une fenêtre. Mais il y a aussi des miroirs déformants.

Jusqu'à présent, je me suis délibérément limitée à mentionner des principes, sans mettre l'accent sur le positif ou le négatif. Car ce que l'on considère être négatif peut aussi s'avérer être une introspection précieuse ou une impulsion décisive. En outre, il est plus logique d´essayer de saisir des mécanismes, plutôt que d'utiliser des jugements non fondés "bons, mauvais", "beau, pas beau". Comprendre exige des possibilités de connaissance qui favorisent la croissance et le progrès. Tout comme filtrer et également faire preuve de capacité de distinction, car ils sont nécessaires pour motiver et diriger les actions dans une direction ou une autre. C'est ainsi que nous construisons le bâtiment de notre être.

Ce qui était inconscient, inconnu et profondément enfoui se livre à la lumière de la connaissance. Cette transformation correspond au symbolisme des ténèbres, illuminés par la conscience ou au diamant, qui est finement taillé. C'est le travail alchimique dans la vie quotidienne. La lumière brille sur l'ignorance et la transforme au moyen de la vision qui perçoit au travers des ténèbres. Nous faisons face à notre côté sombre. Il est ensuite illuminé par la translucidité. Le pôle renversé est progressivement intégré. Il quitte alors l'obscurité et devient la lumière elle-même. Ce que nous avons transformé en nous-mêmes, nous pouvons le reconnaître dans autrui. La topologie intérieure est progressivement révélée jusqu'à ce que nous atteignions l´état de super-conscience.

Notre aspect supérieur inclut notre part sage avec notre potentiel plus élevé et notre image idéale. Le voyage pour s´y rendre semble passer par le subconscient à travers la « nuit sombre de l'âme ». Comparable à une maison dans laquelle nous devons tout d'abord nettoyer la cave jusqu'à ce que nous atteignions le super-conscient, à savoir les étages supérieurs. Les confrontations avec nos différentes facettes se reflètent enfin dans la conscience quotidienne. Elles l´enrichissent et transforment une entité fade en une personnalité polyvalente et riche. Sa contribution énergique à l'humanité, mais aussi à l'univers, fait scintiller la lumière. Les trois étages de la maison ont leurs tâches séparées en zones et pièces, bien qu'elles soient connectées les unes aux autres. Elles font partie de l'être éternel et spirituel, ce qui correspond à notre véritable essence.

Les êtres de lumières ont été relégués au ciel et l'immortalité a été réduite à une seule vie. La prise de conscience que nous sommes éternels en tant qu'âme et que l'impact de nos actions est riche en conséquence jette un éclairage très différent sur notre essence et sur la valeur de notre incarnation. Non seulement, nous sommes en interaction constante avec le reste de l'univers, mais notre individualité actuelle s'étend sur les éons.

La réponse aux questions éternelles : Qui suis-je, d'où est-ce que je viens et qu´elle est ma direction, exigent plus qu'une explication éphémère, à court terme et purement matérielle. L'homme a été privé de son éternité, de son immortalité et de son individualité. Comparable au bélier fier et puissant, qui est devenu un mouton affable avec les oreilles pendantes, ou aux races de chien avec une expression douce et des oreilles tout aussi pendantes, l'homme est devenu dépendant, désemparé et contrôlable, une ombre de son vrai moi sur des millénaires. Qui nous a volé les 90% de l´ADN ? Où sont-ils ? Oui, c'est précisément ces 90 % de l´ADN de 90% que la science appelle "ADN trash", ADN poubelle dans l'apothéose de son ignorance.

Faire face à nos racines humaines, avec nos origines et avec notre évolution dépasse les œillères de la science. Il y a de plus en plus de contributions et de preuves concrètes qui nous racontent une histoire très différente de celle que nous avons apprise à l’école. Je voudrais mentionner les noms suivants : Anton Parks, Barbara Marciniak, David Icke, Michael Tellinger et le Dr Sam Osmanagich. Ces personnes sont des chercheurs courageux aux horizons très différents, qui apportent des contributions précieuses et complémentaires à une vision élargie de l’existence humaine et de l’âge de l´humanité.

Quel est l’intérêt de s´occuper de l’origine de l’humanité ? Nous souhaitons seulement créer une nouvelle image de nous-mêmes ! Ici, cependant, nous ne faisons pas de chirurgie esthétique ou de psychologie appliquée selon la devise "Confiance en soi en un week-end". "À quoi bon ?" demandez-vous. Notre aura, notre ADN, nos cellules, notre conscience et la chronique akashique portent les souvenirs d’une époque et d’une histoire qui décrit l’homme comme un être divin avec une connaissance et des capacités illimitées. Gratter à la surface ne suffit plus à réparer le plâtre de la façade. La conscience sur la terre et dans le cosmos s’élargit et parallèlement aussi la conscience croissante de l’homme. Les confrontations avec la profondeur de nos origines et avec l’étendue de nos vraies capacités façonnent notre vie quotidienne avec l’éclat de l’unicité, de la véracité et de la responsabilité primordiale de l’humanité et de tous les autres êtres dans le cosmos.

Un réveil tant attendu étire ses membres et ouvre enfin les yeux. Les intuitions et les souvenirs inhérents sont activés et une nouvelle vie s’éveille.

c) Les Miroirs

Tout ce que nous vivons, tout ce que nous rencontrons, entre en résonance avec nous. Il y a un lien énergique entre ces personnes, ces événements, ces mondes et qui nous sommes. « Cela n'a rien à voir avec moi » disent certains. La réponse inquiétante est : « si, même si cela ne vous plaît pas » Il est important d'accepter ce fait. Nous faisons partie de ce monde, de cette création. Sur le plan énergétique, nous partageons tout le karma humain pour la simple raison que nous faisons partie de l´humanité. Plus généreusement, nous vibrons avec tout ce qui est vivant sur Terre et dans le cosmos. Nous faisons partie du vivant, ce qui est assimilé à la conscience élargie de l'ensemble.

Se fermer et s´entourer de clôtures semble être une spécialité de l'homme du 21e siècle. C'est une illusion. Non pas que nous devions être ouverts à tout ! Loin de là. La démarcation est nécessaire et vitale pour la survie. Cependant, la façon dont nous traitons ce que nous rencontrons est cruciale. Parce que la réalité reflète en partie ce que nous ne voulons pas voir et nous ne voulons pas admettre, même la météo, mais c'est une autre histoire !

Quand je suis occupée à donner forme à mon image, je suis à la recherche de modèles, d´exemples et d´idéaux qui m'inspirent. La sensibilisation filtre ce qui m'intéresse ou me fascine de la réalité ambiante. Quand j'oriente mon attention sur une marque de voiture particulière, tout d´un coup presque tous les véhicules sur la route paraissent être de cette sorte. C´est une sélection qui s'applique à ce que nous considérons momentanément, comme si nous portions des lunettes filtrantes : des étrangers plaisants, des gens riches, des talons plats, des fleurs bleues... des caractéristiques. La tromperie, cependant, réside dans le fait que nous percevons ce qui est filtré comme étant vrai et réel.

Le principe de résonance fonctionne aussi lorsque l'orientation n'est pas si claire et consciente. Il crée alors une programmation confuse qui fournit le miroir correspondant : flou, trouble, anxieux, déformé par le doute et l'ambivalence. Il nous expose ce que nous ne voulons pas avoir ou vivre, ce que nous voulons éviter.

La clarté de l'intention attire ce que nous souhaitons, la pensée - ressenti agit comme un aimant et le regard ouvert et spirituel dirige sa puissance créatrice vers le but ultime. L'intérieur devient l´extérieur et vice versa.

Retournons aux miroirs qui évoquent en nous des réactions très différentes, du plus positif au spectre opposé. Reconnaître la palette est quelque chose de précieux en soi qui stimule directement la réflexion. Mais il existe de nombreuses variations de miroirs : certaines sont claires et dirigent leur message directement vers l'âme, d'autres déformées et pathologiques. Ce que nous en faisons est finalement le plus décisif et le plus fascinant. La façon dont nous traitons la situation est immédiate et pleine de sens : notre nature montre notre cohérence authentique ou notre faible intégrité. Ainsi, elle offre la meilleure façon d´affiner notre diamant.

L'acceptation du miroir ne signifie nullement que nous nous laissions impressionner parce qu´il nous offre. Au contraire ! Après la visualisation suit l'obligation de filtrer, de passer au tamis. L´art de trier reconnaît la véritable résonance et en même temps ce que nous sommes, ce que nous voulons et ce que nous en façonnerons à l'avenir. Nous devons prendre soin de ce que nous traitons durant l´élaboration de notre nouvelle image personnelle. Elle n'est jamais statique, elle est constamment complétée par les énigmes infinies de la vie quotidienne. La conscience de soi s'inspire aussi bien du positif que des exemples négatifs. Qui est sage peut éviter les échecs, les déceptions et d'autres défis de certaines circonstances, en tirant des leçons des erreurs d´autrui. Nous complétons notre tâche d'apprentissage en filtrant l'essence, le sens, la sagesse des erreurs. Ce type d'observation peut être une source aisée de connaissance.

Il est essentiel de faire un choix, de prendre une direction. La résonance consciente entre le miroir et la création personnelle doit être affinée. Chaque morceau que l'on acquiert avec soin est adapté aux besoins actuels. Le positionnement devient de plus en plus crucial, avec la connaissance de soi, les objectifs, l'unicité et la capacité de rester fidèle à soi-même. Nous avons de plus en plus de miroirs qui favorisent notre propre vérité et notre authenticité. Ce que nous portons en nous est extrait vers l´extérieur : nous avons donc les meilleures chances de devenir qui nous sommes.

Un remplaçant approprié comme miroir peut être un thérapeute, qui ne soit pas un adepte d'une école ou d'une méthode particulière, mais une personne qui utilise des outils lui facilitant l´orientation dans la topographie intérieure du client et non pas une théorie rigide. Pas de camisole de force. Si le client se sent restreint par une procédure, le travail n´est pas adapté à ses besoins.

Un miroir reflète ce qui est présent et attire l'attention sur les objets ou, au sens figuré, sur des traits qui n'auraient pas été remarqués sans interaction. C'est une aide neutre : l'observation, l'interprétation et les conclusions contribuent à l´introspection véridique.

Certains miroirs sont plus que des miroirs ordinaires : ce sont des fenêtres qui conduisent à une autre perspective. Dans ce cas aussi la fenêtre est également neutre en soi. Elle agit comme un catalyseur. Dans tous les cas, le client est responsable de savoir s'il est capable et disposé à prendre en considération le reflet du miroir et / ou à regarder au travers de la fenêtre.

Il est logique de choisir un accompagnateur compétent pour avancer. Surtout au début, il est essentiel de profiter de soutien. Les premières suggestions montrent la direction et évitent l´auto-illusion.

Plus tard, une certaine « objectivité » envers soi-même peut se développer. La véracité sans compromis, ainsi que l'examen approfondi et sincère de sa propre motivation sont de précieuses techniques d'observation.

Peut-on être à la fois miroir et fenêtre pour soi-même ? Avec l'aide de l'Instance Supérieure, avec le soutien de l'existence, c'est tout à fait possible : la vie devient un miroir, une fenêtre et une source d'inspiration. Il suffit de le demander. Cette méthode est très efficace et peut être difficile à gérer si l´on n'est pas (encore) vraiment prêt à affronter la vérité. Sinon, il fonctionne rapidement et avec des messages très clairs qui ne sont pas toujours ceux que nous voulons entendre. La vérité utilise un langage clair et ne flatte jamais l'ego.

d) La valeur personnelle / l´auto-sabotage

Dans la création de la nouvelle image de soi, la connaissance de soi joue un rôle décisif, si on veut créer une nouvelle image personnelle. Idéalement, le travail intensif a déjà eu lieu sous la conduite d´une thérapeute compétente. Les introspections et le savoir dans différents domaines de sa propre multi dimensionnalité ont été recueillis avec la plus grande honnêteté.

Je propose la technique suivante afin de gagner un aperçu de soi-même :

L'acceptation de soi et la réalisation des incongruités personnelles sont justes, authentiques et tout aussi bienveillantes qu'elles le seraient si on s´adresse à une chère amie. "Je suis ma meilleure amie", "Je suis mon meilleur ami" pourrait être une affirmation utile. S'il vous plaît, observez les réactions que provoque cette phrase. Dans tous les cas, elles seront très intéressantes, à tel point que vous devriez les écrire, et même les formuler correctement. Veuillez également noter les émotions et les effets physiques. Cet exercice est crucial pour la poursuite du travail ainsi que pour le succès de l'image de soi. Il ne vaut guère la peine de progresser si la base n'est pas stable. Ce qui est créé n'aura pas de fondement et surtout, aucune réalité fonctionnelle. On se déplacera sur le sable dans le monde de l'illusion et des souhaits mal formulés. Dans ce rôle on reconnait le masque : il est facilement identifiable et transparent. Autrement, on a à voir avec des personnes qui sont davantage préoccupés par qui elles aimeraient être que par qui elles sont véritablement et celles qui font « comme si », ce qui peut être agréable jusqu'à ce qu'elles se rendent compte qu'elles se déplacent dans un monde d'auto-tromperie et de mensonges. Quand on aura travaillé soi-même sur ces schémas, on les remarquera en un clin d´œil chez d'autres. Le « paysage » gagnera une nouvelle dimension et n´aura plus l'air aussi naïf ou unidimensionnel. Cela nous donnera un accès aux motifs de base.

Nous sommes maintenant dans une phase de développement avancée. Il nous est déjà arrivé dans notre vie de nous sous - ou surestimer : nous savons de quoi il s'agit et ce que nous ressentons dans ce cas. Espérons, sans conséquence néfaste. Néanmoins, l'expérience est nécessaire, sinon nous n'acquérons pas de sagesse et nous ne sommes pas en mesure de prendre les décisions nécessaires pour nous évaluer de manière appropriée.

C'est l'art de garder le plus et le moins en équilibre. Pour cela, nous apprenons à nous connaitre nous - même très bien ainsi que nos propriétés inhérentes. Par exemple en astrologie, les signes de feu ont tendance à être impulsifs ou trop enthousiastes. D'autres aiment à peser le pour et le contre longuement et d´autres encore sont particulièrement lents pour s'activer. Il est essentiel d'inclure ces caractéristiques individuelles. La rencontre avec soi-même est unique et ne peut bénéficier que d'exemples et de comparaisons externes dans une mesure limitée. Notre être filtre tout. Néanmoins, il est important d'évaluer avec recul ses inclinations et ses penchants personnels et de façon aussi neutre que possible. En fait, comme si nous étions quelqu'un d'autre, même si nous anticipons exactement nos tendances dans un sens positif ou autre.

L'équilibre, le chemin doré du milieu, n'a rien à voir avec la médiocrité. Cela vaut la peine de le mentionner. Atteindre et maintenir l'équilibre est une tâche humaine constante, étant donné que nous le perdons constamment et que nous devons le rétablir de nouveau. L'équilibre n'est pas une valeur rigide qui est atteinte une fois pour toutes. Au contraire, c'est une aspiration constante qui porte avec elle le développement et le succès. Tomber et se relever encore et encore : perdre l'équilibre dans le sens physique représente nos premiers pas et symbolise notre mouvement à travers les fluctuations polaires entre le haut et le bas, le ciel et la terre, la gravité et l´envol céleste. En tant qu'enfant en bas âge, nous sommes tellement impatients de faire les premiers pas ! Il est dommage que certaines personnes deviennent si blasées au fil du temps quand il s'agit de se développer et de suivre « leur chemin ». Peut-être que réfléchir sur le maintien de l'équilibre leur donnera de nouveau le plaisir et la joie de faire cet exercice.

Exercice : Le point à venir

Avec votre imagination marquez un point juste en face de vous. Il incarne votre objectif : vous pouvez faire quelques déviations à droite et à gauche, en haut et en bas, obliquement avant d'atteindre votre but. C'est tout à fait acceptable. L'essentiel est que vous gardiez un œil sur votre projet et ne négligiez pas la voie à suivre. Éthiquement et moralement, être en chemin est plus essentiel que d'arriver. Allez-vous écraser les autres pour atteindre le point flottant devant vos yeux ? Trébuchez-vous tout le temps ? Regardez-vous sans cesse à gauche et à droite ce que les autres disent ou pensent ? Comment marchez-vous sur votre chemin ? Comment se passe votre cheminement ? De manière joyeuse, reconnaissante, droite ou ingénieuse en embrassant l'univers ?

Quand êtes-vous dans le « trop » – risque de se surestimer ? Quand êtes-vous dans le « trop peu » - risque de se sous-évaluer ? Faîtes des pas conscients ! Ceux-ci vous donneront le temps, la muse et la clarté de tempérer votre procédure et de l'accélérer au besoin ou d'ajuster votre rythme. Quand cela est nécessaire, vous pouvez vous affirmer davantage, d'autres fois être plutôt passif et attendre de voir ce qui se passe, ou bien vous rendre réceptif pour soutiens et conseils. Voici quelques exemples qui sont à votre disposition tant que vous focalisez sur qui vous êtes, ce que vous pouvez et ne pouvez pas faire. Justement afin d´ élargir et d´approfondir vos compétences.

Faites régulièrement une pause pour voir si vous déambuler toujours sur VOTRE cheminement. Pour cela, vous avez besoin de distance. Regardez le tout d'en haut ou à une distance neutre. L'essentiel, c'est que vous ne soyez pas coincé à l´intérieur. Vous êtes le témoin. Vous êtes l'observateur. L'éternel, l'infini en vous devient graduellement plus compréhensible. On rencontre cette aspiration, cette discipline, dans pratiquement tous les enseignements de la sagesse ancienne. Tant que vous vous identifiez avec votre objectif, avec votre chemin et tous les détails et les émotions qu'ils contiennent, il est difficile d'agir comme un témoin éclairé, de prendre du recul et de relativiser. Pesez le pour et le contre - pensez à ce que votre être vous murmure télépathiquement non seulement dans l'oreille, mais dans chaque cellule de votre peau, dans votre aura, dans votre cœur et votre instinct.

Qu'en est-il des doutes ? Nous ne voulons les accueillir que dans une certaine mesure. En partie, ils peuvent attirer notre attention sur une certaine perspective des choses, sur des pièges et des dangers que nous avons peut-être négligés ou ignorés. Ils sont bien connus pour anéantir toute certitude filtrant les fluctuations, puis en les ancrant dans des décisions bien stables. Même avec l'ambiguïté, la recherche de l´équilibre est appropriée. Une fois que le dialogue et les allers-retours ont été examinés et que les aspects sensés ont été réglés, il est important de jeter le scepticisme par-dessus bord et d'aller de l'avant avec le projet. Ensuite, nous suivons les émotions intérieures dans une dévotion totale. Elles proviennent du Moi suprême, qui a la vue d'ensemble de notre évolution et des tâches spécifiques dans cette incarnation.

Un projet est seulement valable tant que nous le considérons comme utile, intéressant et convaincant. Pour ce faire, nous mettons tous nos talents à disposition et nous en découvrons d'innombrables, dont nous n'avions aucune idée jusqu'à présent. Les projets éclipsés par le doute, l'incertitude, le manque de passion et d'autres projections pessimistes sont voués à l'échec dès le départ.

Se projetant dans l'avenir, la nouvelle identité avec ses rôles, ses occupations et même sa nouvelle apparence et le comportement repose sur la capacité de visualiser le renouvellement souhaité et de le vivre comme si l'on était déjà dans sa nouvelle peau. La programmation peut être faite à l'aide de la technique suivante :

Plongez-vous dans un état de rêverie, détendu et bienveillant envers vous et autrui. Vous imaginez une scène que vous considérez comme un symbole de l'état que vous voulez atteindre. Les détails ne sont pas si importants. Le facteur principal est reflété par les sensations, par l'émotionnel. Le ressenti doit être authentique. Et ceci devrait s'exprimer dans et à travers le corps. De manière si palpable que vous en aurez un frisson heureux et sensuel. La réalité se trouve dans les cellules au-dessus de la réalité hyperboréale des dimensions. Les pensées ne se posent pas dans le cerveau. Elles y sont reçues au mieux selon le principe de résonance. Les représentations mentales appartiennent aux dimensions de la cognition et elles sont « empruntées ». C'est un mystère. Maintenant, il vous a été révélé d'une manière discrète. Alors attirez les idées les plus élevées et les meilleures dont vous êtes capable. Tenez-vous debout devant elles. Représentez-vous l'image avec le sentiment et laissez-la vous guider vers l'avant. Vous glissez ensuite sans effort vers votre destination.

Faites cela et rien d'autre. Lâchez prise. Profitez et détendez-vous dans le présent. Cultivez la pleine conscience et restez éveillé et ouvert et, surtout, confiante. La difficulté réside dans le fait que cela peut être trop facile, trop doux, trop léger pour certains. Ceux qui aiment se battre, être tendus, ceux qui sont épuisés par le chagrin et les soucis, vont se sentir dépassés par ma proposition et n'y croiront pas, mais ils ne croient pas non plus aux miracles de la vie et de l'être.

Si vous êtes en mesure d´accepter cette technique, pratiquez-la et observez vos réactions. Peu à peu vous allez vous débarrasser de tout ce qui se dresse sur votre chemin : la programmation négative du passé, de la maison parentale, les craintes et les modèles de l'inconscient collectif. Et rappelez-vous que vous êtes une créatrice / un créateur, comme toutes les autres personnes sur cette terre.

L´auto-boycott correspond à la peur inconsciente de sa propre grandeur. Il place l´essence de la personne sous pression et dans un dilemme. D'une part, l'homme veut s'affirmer et exprimer le sens et le but de son existence, ce qui correspond à son vrai Moi. C'est la part qui suit l'évolution du mouvement. Exprimer qui nous sommes de manière naturelle. Dans le même temps, cette envie est bloquée. Soit directement, soit plutôt avec des agressions dirigées contre soi, ce qui conduit à l'échec. Dans certaines circonstances, le boycott personnel est accompagné de punitions pour prouver et confirmer les sentiments de culpabilité : « Qui es-tu pour aspirer à un tel but ? De toute façon, tu n´y arriveras pas, tu vois, c'est le prix à payer » la vraie grandeur n´a pas besoin d´être prouvée : il en va de soi. Le vivant exprime sa mission personnelle dans la vie. Ce miracle est digne d´émerveillement.

e) Perception de soi réaliste

L'existence est un cadeau. La vie est un voyage. La gratitude et la dévotion à l'Être sont les seules choses qui vous sont dues et vous appartiennent. Vous avez choisi la responsabilité de vous exprimer ici sur Terre. Cela vous rend accompli, vous nourrit à tous les niveaux et ravit vos semblables et autres êtres vivants dans la création. C'est votre mission.

Maintenant, vous devez réaliser ce qu'il y a en vous. Sinon, vous ne pouvez pas l'exprimer. Ce n'est pas une question formelle, mais c´est la vie. Bien que l'astrologie, la numérologie et certains indices dans l'aura nous guident, il n'y a rien au niveau de la manifestation qui surpasse l'expérience pour acquérir la sagesse. Faire des erreurs et guérir ce qui a besoins de guérison en font partie. Avoir confiance dans les processus de la vie et flotter avec eux dans la direction du flux que votre vie a choisi, que vous avez vous-même choisi comme âme. La joie est votre guide. Restez fidèle à vous-même, cela vous maintient sur la bonne voie.

Donc, vous n´êtes pas seulement ici pour faire des expériences, comme on l´entend souvent. Vous êtes ici pour un voyage de découverte pour exprimer votre essence dans le monde matériel.

Il ne s'agit en aucun cas d'une description de poste. Et il n'y a pas de mention du salaire. Si l´essentiel est juste, le reste suit peu à peu. Il n'y a pas de promesse de gloire, d'argent, de conditions spéciales. Faites ce que vous avez à faire dans le contexte actuel, le mieux possible, à votre manière personnelle. C´est facile, non ? Ce qui suit naturellement: un avancement étape par étape. Comme une rose est une rose ou un pissenlit est un pissenlit dans sa splendeur naturelle. Les possibilités d'ascension sont toujours là, parce que vous allez inévitablement changer et votre conscience augmentera. Vous vous déployez constamment vous-même et votre être inhérent. Comme toujours, vous faites de votre mieux.

Simplement, avec attention et aussi bien que possible. C'est assez pour aujourd'hui, pour demain. Restez-vous fidèle.

Vous obtenez tout ce dont vous avez besoin pour compléter votre tâche. Même si les circonstances sont modestes, même s'il y a des obstacles, même si vous êtes testés sur votre chemin. Tout cela fait partie du paquet. Commencer petit est toujours une bonne chose : ainsi vous avez beaucoup de place pour grandir, les obstacles rendent forts et ancrés et pragmatiques, et les tests deviennent une garantie d'authenticité. Surtout dans le domaine spirituel, vous ne voulez pas être un imitateur naïf !

De votre point de vue, les perceptions réalistes signifient : travailler de l'intérieur vers l'extérieur, puis revenir vers l'intérieur et continuer à cultiver l'échange intérieur et extérieur. À l'intérieur se trouve l´impulsion originelle. Définir les talents personnels et les adapter aux possibilités de l'environnement. Continuer à adapter le flux créatif en accord avec les retours, ajuster, améliorer et leur donner une expression individuelle plus différenciée.

Le Moi veut naître. Chaque naissance est unique. Maintenant, vous remarquerez que certaines situations sont prioritaires et que certains talents vous sont refusés. Il va sans dire que personne n´est capable de tout faire. Là où vos dons et votre accomplissement se renforcent, c´est où vous trouverez vos cadeaux et l´expression très individuelle de les partager avec monde. Les gens, les animaux, les plantes, les énergies, l'âme du monde vous remercieront et vous enrichiront à leur tour.

Votre vie devient une œuvre d'art qui ne peut pas être imitée. Vous restez sincère et votre création vous définit tout autant qu´elle, vous vous identifiez à elle. Qui et ce que vous êtes est un, parce que vous avez réalisé que vous n'avez pas à « gagner » votre vie, parce que vous l´avez déjà reçue en cadeau.

f) Faîtes de grands rêves - "Think Big"

Soyez réaliste et planifiez de grands projets. Est-ce un paradoxe ? Modestie et tenter d´atteindre les limites du faisable. Ceci est-ce compatible ?

Seule votre âme vous donne des ordres. Elle sait pourquoi vous êtes là. Elle connaît le sens de cette incarnation dans ces temps riches en symboles. L'évolution de la Terre, de l'humanité et de tous les êtres incarnés sur la planète sont prêts. On ne peut pas l´empêcher, même si certains effets sont mobilisés pour déformer les énergies : les ondes électromagnétiques qui rendent malade, la radioactivité, les vaccinations, les médicaments psychotropes, bactéries, virus et chemtrails. Les forces naturelles représentent notre force de survie. Grâce à elles nous pouvons renforcer notre vitalité, au lieu de combattre ce qui est vivant. Suivre le flux de la vie ou déclarer la guerre à la nature ? Devenir un avec notre être profond ou s´engager à la destruction du moi fragmenté.

Le libre arbitre nous permet même d´anéantir ce que le Divin crée. Tout a ses conséquences et ses limites, même si l'homme moderne se comporte comme un gamin irrespectueux et même s´il commet des dégâts terribles en dépassant les limites. L'harmonie est un équilibre actif entre la volonté personnelle et la volonté suprême. « Que ta volonté soit ma volonté, en harmonie avec le grand tout. »

Le paradoxe « Fais de grands rêves », le « Think Big Paradox » ne correspond aucunement ni à une croissance économique sans fin, ni à un projet égotique couronné par la cupidité et l'insatiabilité. La vision généreuse, cependant, est en alignement avec la mission de l'Homme Créateur. L'auto-guérison en est une partie essentielle dans tous les contextes qui incluent l'humanité tout entière. Retrouver la juste place de l'homme dans la création implique d'une part une définition écologique, d'autre part une reconnexion spirituelle avec la vie sacrée. Les gardiens de la connaissance ancienne parmi les peuples traditionnels qui ont survécu à l'extermination pourraient devenir nos sages enseignants, pour nous, les Blancs. Par exemple : les traditions des « Nations Premières » et des peuples autochtones indigènes d'Amérique, des peuples autochtones d'Afrique, des Aborigènes d'Australie, pour n'en nommer que quelques-uns. Puisque nous partageons tous de nombreuses incarnations, nous portons en l´occurrence la connaissance primordiale en nous. Il ne s'agit pas seulement de mémoire, mais de notre raison d'être la plus profonde au sein de la création. Non pas en tant qu´exploiteur supérieur et exterminateur, mais comme un serviteur honorable de l'ensemble.

"Think Big" par rapport à notre tâche individuelle et collective signifie remplir une mission qui est au niveau des problèmes actuels sur Terre. Cela signifie faire face honnêtement aux problématiques que l'humanité rencontre et aussi les aborder spirituellement. Pour cela, il y a des âmes qui sont inspirées d'un vaste horizon, d'une attitude innovatrice, d'une orientation humaniste et motivées à suivre les plus hautes aspirations. Il peut s'agir d'inventeurs, de chercheurs de vérité, comme les lanceurs d'alerte, mais aussi de scientifiques de tous bords, d´ingénieurs et de professionnels du numérique qui mènent des recherches au service de la nature et de l'humanité. Il y a autant de solutions qu'il y a de problèmes. Ce qui est intéressant, c'est que de nombreuses nouvelles approches ne sont ni publiées, ni encouragées et ni mises en pratique. En d'autres termes, il est étrange de noter que des solutions ou des remèdes simples et bon marché sont sabotés, empêchés et bloqués. Il convient d'examiner le contexte de ces actions économiques, contraires à l'éthique. Un peu de perspicacité peut vous mener plus loin dans ce domaine et même vous conduire à une remise en question complète. Surtout dans les domaines, où les gens croient et avalent naïvement tout ce qu´on leur dit.

« Think Big » va créer une vision au fil du temps. Il y a une différence entre être un visionnaire et un rêveur. Le rêve reste au niveau de l´ astral. La vision, par contre, veut être mise en œuvre. Le rêve reste tel qu'il est et se répète dans l'imagination. On sait qu´il est construit sur le sable. La vision, par contre, cherche un terrain solide. Elle confronte et surmonte les règles fixes au niveau matériel de la manifestation. Elle veut intérioriser la réalité et l'apprivoiser. Il s'agit de l'intégration et de l'interaction des deux niveaux - mental et matériel – ainsi que d´autres aux origines plus élevées des dimensions de l'inspiration. Il s'agit d'une naissance de la pensée jusque dans la réalité. Une vision est un rêve qui est devenu réalité à partir d'une idée.

Elle nécessite passion et enthousiasme pour se réaliser. Par-dessus tout, elle exige le pouvoir de l'amour : plus l'éthique est élevée, plus la mise en pratique est puissante et complète. Car le concept de vision inclut une perspective supplémentaire. Les principes tels que l'altruisme et la solidarité sont primordiaux. Les objectifs égocentriques ne sont pas au service d´autrui. Les buts personnels qui servent votre propre survie de façon saine, sont tout à fait justifiés. Mais ils ne peuvent être un objectif en soi, sauf dans des situations dangereuses. Quand il s´agit de la réalisation de la vision, en harmonie avec les motifs plus nobles, tout ce qui est nécessaire est mis à votre disposition. Vous aspirez uniquement au plus haut, le reste vous est offert.

La seule condition est l'harmonie avec la tâche de l'âme et sa mise en pratique dans le continuum espace-temps. Ceci est généralement mal compris : c'est pourquoi les peurs, les jeux de pouvoir et les attitudes têtues surgissent. C'est le contraire de la rivière, dont on suit le flux harmonieusement. Vous obtenez tout ce dont vous avez besoin lorsque votre vision est façonnée par l'altruisme et dédiée au service de la vie et aux êtres vivants, à l´évolution et à l'honneur du Divin dans la création.

"Think Big" donc pas seulement pour vous-même. "Think Big" comme morceau du puzzle, comme contribution à la vue d'ensemble, dont vous avez peut-être seulement un indice vague, dans votre fort intérieur. Émergeant du grand tout et associé à « tout ce qui est », comme une cellule au sein d´un organisme énorme, vous portez une responsabilité envers l'ensemble : offrez-lui le meilleur de votre être. Ni plus, ni moins. Vous recevrez tout ce qui est nécessaire pour cela : c'est en soi le seul accomplissement noble.

De cette attitude, il se peut que vous obteniez un rôle novateur de sagesse et de perspicacité pour le futur et en tant que guide. Tout simplement et modestement, parce que cela correspond à l´étincelle que vous portez en vous. Votre image personnelle brille indépendamment de l'environnement, parce qu'elle est illuminée et inspirée de l'intérieur. Au sens cosmique, vous êtes reconnu par votre lumière intérieure. Tout est exprimé comme une fréquence de lumière. Parce que tout est vibration qui rayonne dans l'univers à tout moment : la pensée - ressenti laisse des traces dans la mémoire akashique, qui enregistre et connecte tout ce qui résonne sur la même longueur d´onde.

Que "Think Big" puisse vous porter et vous guider en toute humilité dans la vie quotidienne, dans les grandes comme dans les petites actions.

g) Créer un espace sûr pour la nouvelle naissance

Pendant la métamorphose qui conduit à la création de la nouvelle image de soi, il peut être nécessaire de trouver un espace libre. Profiter d´un certain anonymat, loin des jugements et des regards familiers, bénéficier d'une absence de commentaires et comparaisons qui interviendraient à chaque étape : « Mais tu n'aimes pas ça, tu n'as jamais fait ça avant, c'est dangereux, non, on ne fait pas ça comme ça, etc. Les observations bien intentionnées, qui veulent vous ramener en arrière, il y a 20 ans. Mais maintenant, vous voulez aller de l'avant et vous voulez changer. L'environnement fera tout son possible pour éviter cela. Pas par malice. Non, au sein du système, il est de son rôle de maintenir l'ancien, le familier et la stabilité. Tout est bon et bien. Cependant, à l'heure actuelle, la stabilité est plutôt ressentie comme coercitive, contraignante ou carrément insupportable. Premièrement, c'est un art de réaliser que l'on est dans une phase de retrait, deuxièmement, que l'on a besoin d´espace et troisièmement d´y parvenir sans blesser et insulter nos proches. Pour l'homme aux instincts grégaires avec ses obligations polyvalentes, cela peut être infernal. Paradoxalement, les villes offrent une opportunité de retrait au milieu de la foule, où l'anonymat prévaut. Je sais qu'on parle beaucoup de solitude. J'adresse mon empathie à tous ceux qui en souffrent. Néanmoins, on pourrait se demander pourquoi cet état de choses est si répandu. Peut-être contient-il un aspect utile ? Je vois en cela une occasion de se développer plus librement que dans le contexte d´une communauté très soudée. Trop souvent, elle prend la fonction restrictive de garder les choses dans la norme, ce qui peut empêcher créativité et développement. Elle peut même les mutiler ou les étouffer.

En un mot, la liberté qui fournit l´espace pour se développer est indispensable pour la naissance de l'image personnelle. Sinon les craintes, ceux qui savent ce qui est bon pour les autres, et autres états d'esprit intrusifs vont projeter leurs émotions déstabilisantes sur vous. Avec les nouveaux moyens de communication, vous êtes pratiquement suivi partout dans le monde. Il est donc d'autant plus important d'avoir une démarcation saine de tout ce qui ne respecte pas les limites saines. Le droit de retrait est, je pense, aussi un droit fondamental : une interaction consciente et discrète avec le respect de l'espace de l'autre sont nécessaires, sans que l´on soit offensé quand quelqu'un a besoin de retrait et de silence.

Pendant la transformation, on peut ressentir une certaine vulnérabilité. Un sentiment de désorientation. L'image de soi s'effrite, le nouveau côté rayonnant n´est pas encore présent, vous ne vous connaissez plus vous-même. Qu'est-ce que j´ai à raconter ? Il est difficile de communiquer quand vous ne savez pas exactement ce qui se passe à l'intérieur. Cette condition est comparable à la puberté ou à toute autre période majeure de changement. Une métamorphose spirituelle, mystique ou énergétique peut être encore plus compliquée à décrire, surtout si l'environnement n'a aucune idée de ces processus. Peut-être qu'on nous trouvera mystérieux. Tant mieux. Cependant, il est important de se protéger, de garder une certaine distance envers soi-même et ses propres processus, de ne pas se juger et de cultiver avec une attention particulière les tendances émergentes. Il est également important de ne pas devenir trop égocentrique et de continuer à respecter les personnes autour de soi. Car la même confusion qui règne à l'intérieur sera transmise d'une certaine manière à l'entourage. "Tu n´es plus celui que j'ai connu toutes ces années" ; "Nous ne te reconnaissons pas".

La muse ou les vagues de transformation semblent avoir leurs propres rythmes. Elles ont un caractère difficile à saisir, ce qui les rend imprévisibles dans le temps, le rythme, ainsi que dans leur intensité et leur qualité. Plus vous vous connaissez, plus il est facile d'interpréter les étapes des phases. Cependant, une grande partie de la métamorphose reste un mystère qui ne peut être compris qu´avec le recul. L'auto-évaluation devient un art qui doit, la plupart du temps, se passer de précision. "Maintenant, j'ai besoin d'espace" peut apparaître spontanément, à la stupéfaction de tout le monde !

C´est alors qu´on pose la question : « Que fais-tu toute seule, recluse tout ce temps dans ta pièce ? » On remarquera qu´il s´agit là de temps et d'espace, où l´on se retrouve seul pour s'explorer et comprendre ce qui se passe. Ce cocon espace - temps devrait également offrir un champ pour expérimenter cet état « d´être avec soi ». Dans cet espace libre, on se permet de projeter son imagination, sa visualisation et son ressenti vers d'autres possibilités. Cet espace protégé offre le retrait pour « être avec soi-même » en toute sécurité et sérénité.

J'aimerais ajouter une remarque au concept d'espace et de temps. Dans la phase de transformation, il se peut que l'on soit particulièrement maladroit et que l´on ait tendance à se cogner partout (tant dans le domaine physique ainsi que dans le domaine interpersonnel). La table, qui est là depuis dix ans, est soudainement en travers ou on sous-estime sa propre ampleur ou celle du sac à dos et on bouscule involontairement son voisinage. Pendant ces périodes de transformation, l'aura est remaniée et la relation avec le temps / espace doit en effet être réévaluée. Cela explique le fait que l´évaluation du temps est confuse et que l'on arrive constamment en retard. Ce qui est douloureux pour les gens qui sont normalement ponctuels. Le temps n'est pas une unité fixe, mais il possède une qualité élastique qui est perçue différemment dans la nouvelle phase. Cette confusion spatiale et temporelle est passagère jusqu'à ce que les morceaux du puzzle se redessinent et s´intègrent dans la nouvelle image de soi. Il ne reste plus qu'à s'excuser et, surtout, à faire preuve de patience et de compréhension avec soi-même. Pendant de fortes poussées de développement, il se peut que l´on ait souvent soif ; il est essentiel de boire beaucoup d´eau filtrée et de bonne qualité.

Bien sûr, le travail préparatoire a été accompli en ce qui concerne le lâcher-prise pour permettre enfin la conversion.

Ceux qui restent coincés dans la même image de soi n'avanceront pas. Ceux qui s´acharne sur l'ancienne vision du monde restent où ils sont : on fera des petits changements matériels comme de nouveaux rideaux, mais l'essentiel restera inchangé. Le travail préparatoire constitue déjà un exercice approfondi, qui coûte de la force et de l'effort, même s'il s'agit « seulement » de lâcher-prise et d'inviter le nouveau. Tout cela prend du temps, de l'espace et le plaisir d´expérimenter. Cet abri, loin des regards critiques, envieux, anxieux ou pleins de regrets et sans compréhension peut être un endroit de survie. Même si la transformation éveille la résistance de l'environnement, qui considère être là pour réglementer le système. Souvent, cela signifie garder tout tel quel et ne pas faire de vagues. Profiter de son propre espace et le protéger peut ressembler dans certaines circonstances, à un exercice robuste d´affirmation de soi et avec une technique de poser des limites saines. Cette phase de démarcation spatiale symbolise une phase essentielle dans la conception de la nouvelle image de soi. Il est avantageux qu´elle ait lieu dans un environnement étranger ou inconnu, qui est flexible et spontanément propice à l´image de soi nouvellement éclose, parce qu'il ne connaît pas l'ancienne.

Au fil du temps, lorsque la vision se définit progressivement, elle devient plus palpable. Parfois aussi comme une Fata Morgana, donc vous ne voulez pas encore en parler ou peut-être que si ? C´est un thème tout à fait individuel: soit que l'on veut faire part de sa propre vision et des changements personnels avec des détails concrets, soit que ou l'on décide de rester muet à ce sujet. Il y a même deux théories énergétiques qui sous-tendent les vues opposées. Les deux perspectives sont tout aussi précieuses. Seul le caractère personnel doté de la capacité de distinction peut choisir la version appropriée, selon les circonstances actuelles.

Une méthode se concentre sur l'expression verbale qui, à travers le son, fait avancer le projet vers la matérialisation. Partager le projet avec d'autres ouvre également la voie à la force personnelle ainsi qu´à la confiance dans le projet. L'échange aide à y réfléchir de façon réaliste. D'autant plus que les gens vous donnent des conseils, révèlent leurs expériences, partagent des avis judicieux. Plus vous en parlez, plus le projet devient réel et se concrétise, plus vous bénéficiez du soutien de l'environnement. La deuxième méthode souligne une lente progression des idées de la dimension mentale jusqu´à l´émotionnelle. Si on les garde pour soi, sans les divulguer, elles sont protégées contre le bavardage, les envieux et de ceux qui se mêlent de tout. Le secret correspond à l'œuvre interne qui honore et respecte le plan dans son origine subtile. Dans le meilleur des cas, le sujet futur ne sera partagé qu'avec des spécialistes ou avec une personne de confiance. On se sentira attiré intuitivement par la bonne approche et à bon escient. La première version présente d´autant plus d'avantages pratiques et veut s'ancrer au niveau de la manifestation. La seconde est plutôt subtile dans son approche. Bien sûr, vous pouvez mélanger les deux méthodes, de sorte que vous gardez le projet pour vous pendant un certain temps et que vous le partager avec des confidents plus tard. Chacun saura intuitivement ce qui est approprié, selon les circonstances individuelles. Ce qui est absolument à éviter, cependant, c'est le bavardage avant que quelque chose soit concret et plausible. La création de l'espace protégé pour soi-même et le projet correspond à un processus intériorisé, qui s'avère indispensable pour le processus dans son entièreté.

h) Modèles de rôle

Les modèles sont des miroirs externes qui activent notre inspiration, notre imagination et nos décisions. Dès lors que nous sommes en mesure d'exprimer davantage que des likes ou des « shit storms » c'est-à-dire de développer un intérêt différencié, nous sommes réceptifs pour des éléments enrichissants venants de notre environnement. Puis nous sommes en état de les prendre ou de les laisser. Cela fait partie de l'échange constant avec la réalité, comme l'expiration et l'inspiration.

Nous créons de nouvelles images personnelles à partir d'impulsions qui engendrent des visions créatrices et inspirées : nous engendrons ainsi un nouveau monde et de nouvelles images personnelles. Il ne s'agit pas de mettre les gens que nous admirons sur un piédestal et de les imiter. C'est complètement différent de la « mode imitation » des médias sociaux, car le contraire du principe « connais-toi toi-même » est « sois comme les autres ».

« Travailler sur soi » signifie développer soi-même des caractéristiques éthiques et supérieures. Et d'une manière très individuelle. Nous choisissons des modèles pour nous inspirer, non pas pour les copier, mais pour adopter certaines de leurs qualités. Les caractéristiques souhaitées doivent être examinées avec précision, même si elles sont sélectionnées par la passion et la gratitude, car l'admiration et l'enthousiasme en font partie. Il y a là un processus alchimique qui utilise le feu comme force de transformation. L'exercice consiste à obtenir ce qui est désiré, à le développer à partir de sa propre puissance et de sa propre force et, surtout, sur son propre terrain. La mission spirituelle est de vivre l´Un dans sa diversité, au travers de notre propre caractère unique. La tendance à laquelle nous travaillons avec intention, discipline et cohérence peut même s'avérer être une qualité spéciale qui fait partie de notre grandeur et qui finira par bénéficier à d'autres personnes.

L'impulsion qui provient de notre exemple est adaptée et transformée afin d'être intégrée dans notre propre système. De ce point de vue, l'élément ou la propriété d'un modèle agit comme un stimulus nourrissant. C'est un symbole, une image extérieure, que nous filtrons délibérément. L'attraction ou la résonance, comme toujours, est cruciale, tout comme les pensées et les idées que nous recevons. Elles ne nous appartiennent pas, même si nous avons l´impression de les avoir générées. Bien sûr, nous voulons les intérioriser et nous les approprier, les individualiser. Cependant, elles nous appartiennent tout autant que l'air que nous respirons, l'eau que nous buvons etc. Cela nous ramène à la raison, n'est-ce pas, ou est-ce de l'humilité ?

Cette inspiration correspond à l´élément de l'air et ne m'appartient jamais. Sauf ce que j'en fais :et ceci est ma création. L'expérience de transformation fait partie des processus intérieurs et leur totalité représente ma contribution personnelle au grand tout.

Tout d´abord, je dois être ouverte pour permettre l'échange avec les autres et avec le monde en général. J´offre ou je donne quelque chose, que ce soit de l'intérêt, de l'enthousiasme, de la gratitude, de l'intelligence, du discernement et ainsi de suite. Ce sont des qualités, des fréquences d'énergie, des principes éthiques, des traits de caractère, des habitudes. Ils n'appartiennent à personne : mais je peux me les approprier, les adapter, les intérioriser, les appeler « mon ou ma » - même s'ils ne sont qu' « empruntés ». Essentiellement, une qualité de base appartient à tous les êtres humains. Comme une plante, vous pouvez l'inviter, la nourrir et la cultiver sur votre sol personnel. Puisse les plus nobles prospérer et ravir d´autres êtres humains et le monde entier !

Cependant, il se peut qu'il y ait un contrecoup dans « l'intégration » du nouveau bien ou dans l'apprentissage de la nouvelle compétence : comme pour l'organe étranger ou fraîchement transplanté, le système veut le rejeter. En avez-vous fait l´expérience ? Vous voulez enfin développer la patience. Plus vous essayez de la pratiquer, plus vous devenez impatient. On croirait même que les gens, la vie elle-même, s´acharnent pour ruiner votre intention. Rassurez-vous : ce n'est pas le cas. Cependant, vous vous trouvez dans le domaine des polarités : plus vous aspirez à l'Un, plus le contraire est puissant. Au fait, comment savez-vous que vous êtes impatient ? Parce qu'en fait vous êtes déjà bien familiarisé avec le concept de la patience, sinon vous ne seriez pas en mesure de vouloir en développer davantage souhaiter plus de patience.

En outre, j'aimerais offrir une autre perspective : A la place de considérer une lacune, il paraît logique de l'imaginer comme un trait ou un talent qui existe déjà. Cette perspective est plus abstraite que le choix d'un modèle. Par exemple, « être aussi créatif que cette artiste, Mme une telle ». La représentation visuelle animée d´émotions rend le tout très vivant et compréhensible. Dans l'univers, le concept de créativité existe déjà en soi. Je peux "l'évoquer", l´invoquer et le décorer comme il me convient. Le terme ne m´appartient pas, mais il existe et je peux me l´approprier - bien sûr, dans la mesure où mes dispositions réelles sont en résonnance. Il n'y a pas de pénurie. La création est abondante et je peux en avoir une portion. La pratique, les tentatives de la réaliser ainsi que les circonstances montreront ce que je peux réellement en faire.

Beaucoup de gens ont besoin d'exemples de l'extérieur pour définir leur identité et trouver leur chemin. Ils imitent beaucoup de choses et suivent ce qu'on leur a montré. Peu de personnes reconnaissent l´inspiration venant de l´intérieur. Ce sont les pionniers et les innovateurs qui, en ces temps de grande transformation, sont particulièrement incarnés pour cette tâche. Ils montrent ce qu´il y a de nouveau, soit en tant qu´inspirations pures, soit sous une forme de compilation unique d'éléments connus. Toutefois les pionniers et les inventeurs sont également les récipients d'impulsions qui proviennent de dimensions mentales et spirituelles ainsi que des niveaux inspirants de la conscience et de personnes sur la même longueur d´onde. Il y a des innovateurs actuellement incarnés, d'autres inspirations proviennent d´incarnations précédentes. Occasionnellement, il est juste de les remercier. Par leurs actions et leurs désirs, ils ont laissé des empruntes dans les mondes astraux et mentaux. Ils ont aussi ouvert les portes pour nous, à travers lesquelles nous sommes maintenant en état de passer. Pour initier davantage de chemins pour ceux qui viendront après nous.

i) Le huitième Chakra

En plus des sept chakras principaux - qui se trouvent le long de la colonne vertébrale, l´homme possède un huitième qui se trouve à environ 30 ou 50 cm au-dessus de la tête, plus précisément au-dessus de la couronne légèrement à l'arrière, où les hommes juifs portent la kippa. En fait, il y a un certain nombre de chakras, pour la plupart encore latents et à un niveau encore plus élevé, qui nous relient aux étoiles et au reste de l´univers ainsi qu´à notre être universel.

Pour l'émergence de la nouvelle image de soi, l'activation du 8ème chakra, également appelé chakra étoile, est importante. Prenez un moment pour pénétrer dans le monde silencieux de votre imagination et représentez-vous cette connexion intime avec votre origine cosmique. Ce simple exercice de visualisation devrait aider à surmonter l'illusion de la séparation, au moins en partie. Une des plus grandes tragédies humaines est la fausse hypothèse selon laquelle l´être humain serait en quelque sorte échoué seul sur terre à lutter avec son destin insensé pour rembourser une vague culpabilité. Il vit donc résigné dans la Vallée de la Souffrance. L'idée d'être séparé du grand tout est la cause de nombreuses dépressions et aussi d´agressions, qui sont dirigées contre soi-même, contre les autres hommes ainsi que contre la nature. Comme une marionnette sans fils et sans but sur la scène terrestre, l'homme s'accroche à diverses constructions qui peuvent étayer sa lutte contre lui-même, d'autres êtres vivants, ainsi que contre la mort et la vie. En raison d'un mécanisme de compensation, il se considère comme le centre de la création. Pourtant, il est le seul être qui détruit progressivement son environnement terrestre. Pendant longtemps, il a vécu ici dans une certaine harmonie avec la terre, même s'il a déjà généreusement exercé ses envies destructrices. Au cours des dernières décennies cependant, il a particulièrement intensifié son impulsion exterminatrice, sciant joyeusement et avec une myopie spirituelle unique la branche qui le relie à l'arbre de vie. Paniqué, il tente de s'attacher à toutes sortes d'appareils pour rester maître de sa situation ou pour découvrir des planètes de remplacement tout en continuant à répandre la disharmonie.

Retournons aux chakras supérieurs, au-dessus de la tête.

S'il vous plaît, placez votre focus sur cette connexion merveilleuse, le Chakra étoile. Symboliquement, il sert de point intermédiaire aux étages supérieurs de la conscience. Quand il est ignoré, il est comme un terrain en jachère ou comme un muscle pratiquement atrophié. Le fait que vous le connaissiez maintenant, que vous l´imaginiez, et que vous l'activiez consciemment contribuera à son déroulement.

La couleur qui résonne avec le huitième chakra est le magenta ; cette couleur fuchsia, que Goethe à l'époque appelait encore "la couleur inconnue". En tant qu'initié, il a pu prévoir des développements imminents. En fait, la perception du spectre des couleurs par l'œil humain dépend de sa conscience : une réflexion intéressante si vous voulez méditer brièvement là-dessus. La longueur d'onde cosmique magenta existait bien sûr, mais elle n'est devenue perceptible que dans les années 1830, en particulier sur un champ de bataille près de Magenta, dans le nord de l'Italie. D'où son nom. Il appartient aux couleurs tertiaires avec deux parts de rouge et une part de bleu, c'est-à-dire un violet qui contient une double portion de rouge. L'accent mis sur la couleur rouge correspond à la volonté de s'incarner. La tâche du chakra étoile, comme celle de l'homme, trouve sa réalisation au niveau de la manifestation. Que veut-t-il mettre en place dans ce monde ? Les graines d'étoiles veulent prospérer ici sur terre.

La vision idéale de l´homme qui repose au niveau du 8ème chakra représente ses développements passés et futurs, ainsi que son interaction entre le ciel et la terre. Se reconnecter à ce centre énergétique au-dessus de la tête est essentiel pour la création consciente de la nouvelle identité. En tant que modèle, il contient toutes les possibilités associées aux incarnations précédentes et / ou aux vies parallèles. L'illusion d'être séparé est ainsi supprimée et les connexions se révèlent dans une vaste vision. Le souvenir est activé dans son essence ou dans son intégralité; pas nécessairement dans les éléments détaillés des vies antérieures, cependant le sens et le but de l´incarnation présente sont intuitivement compris à l´intérieur de l´étincelle vitale. La myopie mentale se transforme en une perception de 360 degrés avec le but ciblé de l'existence perçu comme un flash ou au travers du regard perçant de l´aigle. La mémoire fournit progressivement les étapes individuelles conscientes. Même si nous avons l´impression de ne pas savoir où le chemin mène, nous sentons une traction chargée de sens et tournée vers l'avenir. L´espoir et, paradoxalement, une confiance aveugle nous accompagnent à droite, à gauche, au-dessus, au-dessous dans un développement inébranlable qui va au-delà de toutes attentes. En même temps, nous menons une vie (presque) normale avec beaucoup de retrait mais en agissant efficacement sur le monde extérieur, dans le « monde réel ». La connaissance que le chakra étoile me fournit est holographique, télépathique et immédiate. Comparable à une information qui est téléchargée d'un niveau supérieur. Soudain, je suis surprise par une communication intuitive qui me fournis tout ce que j'ai besoin de savoir. Ce n'est pas une connaissance matérielle, mais elle praticable et faisable. Ce sont des connaissances et des expériences ciblées au-delà de ma cognition personnelle. Comme une graine que je porte en moi. C´est le mieux que je puisse faire pour décrire la connaissance intuitive et immédiate telle que je la vis. Pour cela, je dois mobiliser tous mes sens dans leurs fonctions lumineuses optimales.

Le huitième chakra est aussi individuel que n'importe quel autre organe humain. L'empreinte est unique ainsi que l'être que nous sommes. Comme toute autre partie du corps, chaque centre d'énergie est informé de sa tâche spécifique. Le chakra étoile est porteur de la connaissance concernant les incarnations précédentes et permet l´accès à leur souvenir, au moins partiellement. Par exemple, nous ressentons une affinité pour certaines cultures, pays ou langues. Nous avons des expériences de "déjà vu" à certains endroits. Nous sommes porteurs de dons et d´habiletés particuliers et d´un savoir inné. Il s'agit d´un savoir auquel nous avons accès sans avoir à l´apprendre. Il est témoin de capacités acquises avant cette incarnation qui constituent notre karma positif. Malheureusement, elles sont souvent considérées comme « normales » au lieu d'être infiniment appréciées pour ce qu´elles représentent. Au lieu d´être reconnaissant, nous luttons sans relâche et parfois avec amertume contre notre « destin ». Je parle ici de gratitude, envers soi-même, envers sa propre âme. « J´exprime de la reconnaissance envers moi-même pour être telle que je suis. » Si vous le souhaitez, vous pouvez y réfléchir et prononcer cette affirmation à haute voix, trois fois de suite. La gratitude est une force très puissante qui renforce tout ce qu´elle considère. Ainsi le huitième chakra révèlera davantage de contenu sur ses souvenirs et son but. Bien sûr, les aspects du passé et du futur sont reliés : ils font partie des deux côtés du présent unique. Ils sont inséparables et porteurs du potentiel qui s´apprête à émerger.

Passons aux leçons karmiques que l'âme a énoncées avant l'incarnation. Ces tâches peuvent être soit des situations qui nécessitent un équilibre ou bien certains problèmes ou des talents particuliers qui ont été trop peu développés dans les vies précédentes. Par exemple, j'ai peut-être eu beaucoup d'enfants et vécu le rôle maternel à plein temps, par conséquence, j'ai donc eu trop peu de temps à me consacrer. Dans cette vie, pour compenser, j'ai su très tôt que je ne voulais pas d´enfant, mais que je consacrerai ma vie à la sagesse ancienne. Plus tard, il s'est également avéré que j'étais infertile. Être connecté au chakra étoile signifie connaître le pourquoi de l´incarnation. L'harmonie avec la détermination de l´âme n'est pas seulement une aspiration supérieure, mais plutôt l'effort de connaître sa propre direction et de la suivre. Et ceci dans la volonté personnelle de devenir un avec le but le plus élevé. « Que ta volonté devienne la mienne ».

Non seulement, le karma passé est inclus dans le huitième chakra, mais on peut également y trouver la vision future. Car le moi idéal de cette incarnation est contenu dans ce centre subtil. C'est précisément l'aspect qui est crucial pour nous lorsque nous créons une nouvelle identité. Ce n'est pas un patchwork de pièces d'ego qui veulent devenir riches, belles et enviables, ou qui veulent posséder voitures, villas et yachts, comme suggéré dans certaines écoles de pensée positive ou des révélations secrètes (voir la littérature sur certains de ces sujets). Le modèle suprême de la nouvelle image de soi est en fait l'aspiration de l'âme la plus pure pour cette incarnation. Qui garde cet exemple de nous, que nous avons créé en tant qu'âme avant l'incarnation ? Le Soi Supérieur. Il est chargé d´exécuter le projet de l'âme dans cette vie actuelle. Il a un aperçu de mon cheminement : dans quelle mesure suis-je consciente de ma tâche, comment je l'accomplis malgré les obstacles dans la vie quotidienne, comment je m´efforce de la mettre en pratique au niveau de la manifestation, si je reste fidèle à mon but ou si je me laisse facilement être détournée de mon chemin. Dans ce contexte, il y a des époques spéciales de rappel ou de souvenir, où la planète Saturne est clairement aspectée, par exemple à l´âge de 28 ans ou durant les rythmes des 7 années comme à 49 ans. Durant ces phases, je suis confrontée à la question suivante: « Es-tu au bon endroit au bon moment ? » Ceux qui sont en harmonie avec eux-mêmes se sentent à l'aise et épanouis. Ceux qui ne le sont pas ressentiront peut-être de l'inconfort dans leur âme ainsi que dans leur corps. Cette introspection est une invitation à introduire des changements dans l'attitude ou la perspective, ainsi que dans le mode de vie.

N'est-il pas réconfortant de savoir qu'il y a une reproduction idéale de nous dans notre aspect supérieur ? Bien sûr, il s'agit d'une esquisse ou d´une maquette sur lesquels nous travaillons avec l´aide de notre libre arbitre. Que peut-on faire pour y gagner accès ? Quand nous portons le souvenir du huitième chakra en nous, nous pouvons engager un dialogue plus profond avec lui et lui demander son soutien. Son message peut être télépathique ou sous forme d'événements ayant une signification particulière. Nous pouvons nous livrer à une sorte de rêverie, par exemple lors d'activités relaxantes telles que les longs voyage, l'écoute de la musique, mais aussi durant des activités créatives telles que la peinture, le chant, la calligraphie et ainsi de suite. Comme nous l'avons déjà mentionné, la communication ciblée sous forme de questions est très utile. Néanmoins, il faut être capable de déchiffrer le message : il peut être énigmatique ou symbolique, ou apparaître dans un rêve. Nous, les humains, sommes télépathiques, les cellules sont télépathiques, les niveaux subtils de l'homme sont télépathiques, la conscience est télépathique. Poser une question provoque immédiatement une réponse. Même si elle apparaît au moment où l'on s'y attend le moins et dans un langage (corps, esprit, signes de l'extérieur) que nous ne pouvons pas ou ne voulons pas interpréter directement.

Il existe des méthodes d'équilibrage énergétique spécifiques pour activer le chakra stellaire. La chose la plus importante, cependant, consiste à équilibrer tous les autres chakras, sinon on ne va pas être capable d'absorber le message du chakra supérieur. Tous les autres doivent être en bonne santé et actifs. La chromothérapie avec la couleur magenta, avec le blanc ou avec la couleur dorée sont des fréquences cosmiques bienfaisantes à ce niveau subtil.

Grâce à ces informations et aux exercices, « le huitième » ne devrait plus rester inactif, car nous lui portons attention et intérêt, au travers des connaissances théoriques mais aussi par l'intention. Chaque centre énergétique nous délivre exclusivement d'une manière très individuelle et personnelle les informations qui conviennent en ce moment. Les chakras sont à la fois des passerelles vers l'univers et des miroirs de notre réalité intérieure.

CHAPITRE 6 : LA NOUVELLE IMAGE DE SOI A ÉTÉ CRÉE

a) Objectiver et optimiser le nouveau microcosme

La nouvelle image de soi prend forme. Soit elle est née d'une impulsion intérieure, soit d'une impulsion externe telle qu'une perte, un changement souhaité ou imposé et autres raisons. L'âge, bien qu'il soit graduel et que nous ayons donc le temps de nous y habituer, l'âge nous fournit une source de réflexion au cours de certaines phases de transformation telle que la puberté, la ménopause ou la soi-disant « crise de la quarantaine ». Dans de tels moments, nous avons l´occasion de nous observer avec une certaine distance, ce qui peut nous fournir des introspections spécifiques. Ce sont des instants d'une signification décisive qui influenceront le mode de vie dans les années à venir. Ce sont des phases d'adaptation, d'ajustement du parcours personnel. Plus nous sommes en harmonie avec l'âme, plus le raffinement de la métamorphose est facile et cohérent. Les événements spontanés et des synchronicités ont lieu, d'autres personnes utiles et solidaires apparaissent dans notre vie, les supposées coïncidences complètent harmonieusement le puzzle des étapes respectives de la vie. Vous êtes au bon endroit, au bon moment avec les bonnes personnes : tout s'intègre pour que la transformation se déploie telle qu´elle est prévue. La nouvelle image de soi est reflétée et confirmée par l'environnement. Il est important de reconnaître ces ajouts et d'en être reconnaissant. Bien sûr, la gratitude est exprimée aux gens qui nous entourent. Il faudrait aussi reconnaître explicitement le soi et l´apport de l´esprit créatif : « Là, j'ai créé une belle réalité cohérente qui me correspond. Je remercie mon esprit créatif. Je remercie tous les êtres humains et autres êtres vivants qui y contribuent. Je remercie ma chère sagesse ainsi que mon instance supérieure ».

C'est ce que j'appelle « l'objectivation », parce que nous avons l'occasion de nous observer durant nouveau processus en cours, comme s'il s'agissait de l'existence de quelqu'un d'autre. Les questions suivantes offrent aussi des occasions semblables : « Y a-t-il quelque chose d'autre dont je veux vraiment faire l'expérience ? », ou le fait de reconnaître « Non, ça ne peut pas continuer comme ainsi », « Non, ce n´est pas qui je suis. Cette vie n'est pas la mienne. » Ce sont des constats perspicaces qui nécessitent une action ou un changement précis. Certains jetteront impulsivement tout par-dessus bord, d'autres prendront des mesures progressives. Le moment de la reconnaissance dicte la direction.

Vient ensuite l'optimisation. Elle a besoin de temps et elle est réfléchie et agit en prévenant. On la planifie longtemps auparavant: « Quand les enfants seront partis ... ». Elle dépend plutôt de circonstances extérieures telles que la situation financière ou elle souhaite une convalescence : « Quand je serai de nouveau en bonne santé ». L'optimisation connaît une fin - ou une cible plus élevée. Certaines choses doivent encore être affinées et améliorées. La patience est appropriée et le temps agit comme un catalyseur pour réaliser pleinement la vision. En rétrospection, chaque morceau du puzzle semble s'intégrer naturellement. Quand on se trouve à l´intérieur du processus, tout paraît confus et en désordre. On se laisse guider par la confiance et l´assurance de sa propre guidance qui nous mène clairement vers l´objectif final. Puis on se rend compte comment l'expression du soi se développe avec sens et précision : pourquoi on a fait cette formation, pourquoi on a appris cette langue, ce métier, pourquoi un divorce, pourquoi une séparation, une maladie ont été subis. L'optimisation nous comble de sens et peut être, en soi, très inspirante de sorte que l´on est en meilleure position de découvrir ce qui se cache en nous-mêmes. Dans de telles phases, on découvre parfois des ressources spéciales ou des forces intérieures que nous n'aurions jamais soupçonnées. L'optimisation peut également être très inspirée et très créative.

b) Entre passé, présent et futur

Parfois, les images personnelles anciennes, présentes et futures entrent en collision les unes avec les autres. Comment y faire face et gérer cette constellation?

D'une part, on désire du nouveau, d'autre part, l'homme est rapidement sursaturé ou pas en état d´intégrer les nouveaux aspects. Ainsi il se plaint vite, il juge et même il regrette le passé. Le processus actuel reflète ce que vous avez mis en mouvement. Cela vous donne un aperçu de votre pouvoir créatif dont vous êtes alors en mesure d'ajuster le tempo.

Dans tous les cas, offrez-vous des pauses, des périodes de repos et regardez le travail accompli jusqu´à maintenant. Il s'agit d'une technique utile pour la connaissance de soi. Une pause digestive mentale. Réflexions sur votre nouvelle existence et comment vous la ressentez : Restez-vous fidèle à vous-même ? Êtes-vous authentique ? Fondamentalement, vous êtes toujours le même : "Same but different" (Le même mais différent) disent les Anglais ! Le catalyseur "Temps" sous-tend le changement à tous les niveaux, mais votre essence est la même qui est maintenant en état de se déployer. Même si vous voulez tout garder tel quel, vous vieillissez et enfin vous serez vieux. La chronologie continue de fonctionner et elle ne peut pas être arrêtée. Cependant, on peut rester bloqué dans son développement, ce qui peut causer une pathologie à long terme.

Vous pouvez choisir entre simplement vieillir ou devenir plus sage, plus expérimenté et plus mature. Quand la vie est un cadeau, acceptons-la et prenons-en soin généreusement : donnons tout ce que nous portons en nous.

Lâcher prise pour accueillir le nouveau, rester dans le flux, c´est la devise dans l'esprit tant que dans le domaine matériel. C'est pourquoi il est fortement recommandé de faire un grand nettoyage. La vie est une rivière, le grand lâcher prise nous attend dans l´avenir : La loi c´est donner et recevoir, comparable au rythme naturel de la respiration. En particulier, il est important d'être honnête avec soi-même et de convertir, de recycler le ressentiment, le regret et la culpabilité. Rester coincé dans le passé parce que nous n'avons pas obtenu ce que nous voulions ou parce que nous avons eu une vie difficile renforce les croyances négatives qui ont tendance à se répéter. Cette attitude perpétue l´attirance des événements malheureux et nuisibles.

Le remède « walnut » des fleurs de Bach rend flexible et permet une meilleure adaptation aux nouvelles circonstances. Une autre essence de fleur, qui est propice à la transformation, s´appelle « wild oat », l'avoine sauvage. Elle confère le lien avec l'âme dans le présent, de sorte que le développement ultérieur ait également lieu en alignement avec la Sagesse Supérieure. En outre, l'avoine sauvage fonctionne simultanément dans le présent et l'avenir. Il ouvre la voie et clarifie la direction quand l'avenir paraît encore flou. Ces deux élixirs floraux se complètent parfaitement.

Étant donné que nous sommes des êtres multidimensionnels et que nous sommes composés de nombreux aspects qui ne peuvent pas être intégrés uniformément et qui se trouvent à différents stades de maturité, il se peut que certains aspects personnels se comportent occasionnellement de manière surprenante. Par exemple, si vous avez longtemps réprimé votre colère et que vous vous identifiez uniquement avec votre aspect « gentil et aimable », il peut être troublant d'être confronté à ses propres agressions. Ce qui a été refoulé se montrera tôt ou tard avec une force concentrée. Découvrir ce qui est en nous, est en fait la plus grande découverte de la vie. Par cela, j'entends l´entièreté, pas seulement l´aspect

« négatif », mais plutôt la révélation de notre propre grandeur, le résumé de l'évolution jusqu'à aujourd'hui, la vue d´ensemble réjouissante des progrès, les retournements positifs de situations négatives et les précieuses leçons que l´on en tire. Parfois, les gens sont très désireux d'aller de l'avant et ils se concentrent uniquement sur ce qui les attend. De temps en temps, il est aussi apaisant et consolidant de ressentir de la gratitude pour le chemin que l´on a achevé jusqu´à maintenant. Certainement la rétroaction positive aura un effet encourageant et motivateur sur les prochaines étapes.

Il semble indispensable de considérer l'ensemble de la transformation. Plus on est âgé, plus cela est facile car le regard s´étend sur un champ d'exercice plus long à évaluer. Espérons qu'il sera en mesure de constater une majorité de choses positives et de tirer un bilan satisfaisant entre ce qui a eu lieu, l'existence actuelle et l´évolution à venir.

c) Conséquences de la nouvelle image de soi

D'abord et avant tout, la création de la nouvelle image de soi est un processus privé et individuel. Comparable à un art de vie personnel. Personne d'autre ne peut suivre cette voie. Chacun porte l'entière responsabilité de son « travail de vie » individuel. Il n'y a pas de jugement à la fin. L'accord avec l'âme est le facteur décisif : plus il est cohérent, mieux c'est. Même dans cette vie, la satisfaction et une conscience pure sont des signes harmonieux et une confirmation que beaucoup de choses sont comme elles devraient être.

Cependant, la transformation personnelle aura des effets de grande envergure. Comme une pierre jetée à l'eau provoquant des vagues sur l'environnement qui favorisent la réflexion. Comme tout est interconnecté, chaque transformation exerce une influence sur les autres. Si un morceau du puzzle est manquant ou altéré, l'image entière est affectée. Lorsqu'une personne arrive à un autre stade de son développement, elle ouvre la voie à ses successeurs. Tout a des conséquences : il faut alors s´appliquer à laisser des traces qui favorisent la vie. Refuser de suivre votre propre chemin pour épargner quelqu'un ou pour se sacrifier pour une autre personne peut temporairement freiner l´avancement. Des conséquences sont à prévoir si vous voulez alléger quelqu'un d´une leçon de vie, même avec les meilleures intentions. Après tout, la personne est privée d'une situation d'apprentissage et détournée dans son développement. On peut volontiers apporter un soutien et maintenir une sécurité bienfaisante, mais chacun devrait accepter ses propres défis et vivre sa vie. En outre, les enchevêtrements des destins entravent la liberté et génèrent des attachements contraignants. Cela s'applique aux deux côtés.

Les nouveaux commencements peuvent être épuisants : souvent, le chemin doit être parcouru seul, parfois accompagné de ridicule et de résistance. Il semblerait qu´il existe des tests qui remettent en question le dévouement et l'authenticité. Vaincre l'insurmontable peut rendre très fort. La conviction est mise à l'épreuve ainsi que la persévérance, la clarté, la volonté et la véracité. Ce dont on s´est d´abord moqué devient progressivement intéressant, attrayant et fascinant. Soudain, tout passe d'une humeur hostile à l'admiration ou à la reconnaissance. Le chemin dans le désert est terminé. Heureusement que l'on est resté authentique et fidèle à soi-même !

Parfois, on devient même un modèle pour les autres : par exemple, on donne du courage, de la confiance, de l'espoir. À mon avis, toutes tentatives de faire avancer le développement humain, même celles qui échouent, sont précieuses, significatives et dignes de reconnaissance. Même les efforts en vain mènent la voie vers un succès couronné. Je pense souvent à tout ce que les femmes ont vécu pour gagner un certain degré d'indépendance et de liberté. À toutes ces femmes inconnues qui ont elles-mêmes échoué. Aujourd´hui je peux profiter de leurs efforts. Pour être honnête, je considère tout autant les progrès qui restent à faire.

Un modèle est une image de soi qui ne sert pas seulement à soi, mais qui est apte à partager ce qui a été réalisé avec des gens aux vues similaires. Un modèle inspiré d´une existence vécue. Un modèle n'a pas pour but d'influencer et n'est pas non plus une publicité pour un produit qui a été créé artificiellement. Un modèle ne cherche pas à être un idéal : ce serait un tour de l´ego. Un modèle est une personne qui suit son chemin authentiquement et accumule ainsi une énergie concentrée et compacte en elle et autour d´elle, dans son aura, sous la forme de charisme. Elle est convaincue et convaincante. Les réalisations personnelles non seulement servent le soi, mais elles représentent des étapes du développement humain en premier lieu. En ce sens, elles ont un aspect supra-personnel qui est généralement valide et s´applique à tout un chacun dans cette phase de développement.

Chacun est unique. En même temps, notre dénominateur commun est notre humanité, la conscience vivante, la conscience, l'existence humaine et peut-être aussi notre humanité envers d'autres êtres tel que les animaux et les entités d'autres dimensions. Si nous sommes respectueux de notre développement, nous nous engageons nécessairement à honorer la vie des autres.

Ce que nous faisons pour nous-mêmes, nous le faisons aussi pour nos semblables. Grâce à nos découvertes et à notre travail, nous contribuons au champ morphogénétique du développement de tous les êtres vivants sur Terre. Nos progrès n'engendrent pas seulement des cercles dans l'eau, mais ils sont une invitation à l'évolution. C´est l'appel de la transformation cosmique. Chaque étape individuelle fait avancer le niveau planétaire. Tout le cosmos observe le spectacle sur la Terre avec impatience.

Qui se transforme, transforme le monde.

d) Nouveaux paysages

Me suivez-vous avec de petits pas dans la transformation cosmique ? Ceux qui sont capables de concilier les contradictions et de surmonter le paradoxe vont progresser. Il n´y a aucun doute, il s'agit bien d'un véritable défi qui ouvre une vision universelle. Selon la devise : Je dois faire ce que j'ai à faire pour servir l'ensemble. L'appel à l´action vient de l'impulsion intérieure et jamais de l´extérieur ou de la convoitise de certains avantages. La motivation est éthique et morale : c'est aussi une impulsion naturelle. Nous savons à quel point elle est importante en ces temps-ci.

Un nouveau paysage émerge des nombreuses visions. Tout le monde crée la sienne. Les innombrables visions se rejoignent comme des gouttes de pluie qui forment des petits ruisseaux d'eau sur la vitre. La résonance rassemble des cours d'eau similaires qui deviennent de plus en plus grands et forment les grandes rivières à travers le paysage. Elles irriguent les champs du nouvel avenir, où des horizons indéfinis doivent encore être conçus.

Des idées puissantes et enthousiastes rayonnent de changements positifs. Les vues résignées, chargées de peur et d´impuissance sont tout aussi présentes. Lesquels voulons-nous renforcer et intensifier ? Notre monde commun de la pensée devient notre maison, ou, plus tard l´habitat de nos enfants et successeurs. C'est l'écologie de l'imagination : tout ce qui existe dans le monde matériel vient de l'imaginaire collectif, de la dimension des idées. Ce modèle s'applique également à notre vie personnelle, par laquelle l'oasis de notre vie privée est plus immédiate à créer. Car c'est un devoir : exercer son propre pouvoir créatif dans son environnement immédiat, conformément au bien commun.

Revenons enfin à la perspective de la contemplation, qui considère l'homme comme un pécheur ou un être incomplet et incapable de fonctionner. Pourquoi devrait-il être connecté à n'importe quel câble, se fourrer un morceau de plastique ou de silicone dans n'importe quelle ouverture du corps, ou être submergé par une myriade de règles, de lois et d´instructions pour être, simplement être ? Le résultat est, d'une part, une tendance à se sous-estimer, et d'autre part une surestimation subliminale. Et last but not least, un mépris de la puissance divine à la fois en lui-même et envers l´humanité en général. C´est une insulte à la création, à la perfection naturelle.

Quelles tendances sont à l'œuvre ? Ce sont les forces de la distorsion, de la maladie, de l'entropie, de la stupidité, de la futilité. Par-dessus tout, c'est l´abus du pouvoir qui détruit le naturel et considère la perfection originelle inadéquate. Il a l'intention de soumettre l´humain et l´animal à son addiction pathologique de contrôle et de domination par la peur. Il essaie d'imiter et même de l'emporter sur le divin, sur l'harmonie originelle. Il se faufile presque inaperçu et se camoufle avec des « offres attrayantes » et pose un sourire ignorant sur ses lèvres. Il est creux et laid comme un masque en carton; mais les gens le craignent et détournent le regard ou ricanent bêtement. Ils sont aveugles. Si aveugles qu'ils ne perçoivent pas leur divinité et se laissent mener (par le bout du nez) par le masque en carton.

La science, cependant, a compris la perfection naturelle avec la fondation de la bionique (voir Dr. Ulrich Warnke).

Afin de créer une nouvelle image de soi et un paysage différent, il est nécessaire d'ouvrir les yeux, de regarder d´un regard perçant et de diriger la puissance créatrice de la vision sur les paysages intérieurs et extérieurs. Le nouveau regard plein d'espoir projette la vérité sur l'image en décomposition, en arrière-plan ; sur les fausses représentations mensongères, la peur, la manipulation, la bêtise écervelée. La condition préalable est l´aptitude à ouvrir les yeux. Le courage est nécessaire. Pouvoir fixer du regard sans détourner les yeux, d'autant plus. Cet exercice peut être pratiqué d'abord sur ses propres sujets inconfortables et plus tard sur le monde ambiant. Le sourire niait disparaîtra progressivement. Une profondeur inspirante le remplacera et un vrai sourire humain illuminera tout le visage. Un rayon divin sous forme humaine dans un moment sacré.

Chaque jour de cette incarnation, nous pouvons pratiquer exactement cela. L'intention et la poursuite de cette clarté compenseront les rechutes, les mauvais jours, la mauvaise humeur et la stupidité. Il est indispensable de garder les yeux ouverts et de regarder ce qui est vraiment à voir et à ressentir. C'est ainsi que vous découvrez des choses véridiques et c'est parfois une histoire très différente de ce que vous avez appris à l'école ou lu dans le journal.

e) Osez l'utopie

Au début, j'ai souligné que je ne suis pas une partisane du dicton « tout est possible ». J'ai expliqué les connexions karmiques ainsi que le principe de résonance. Franchement, qui veut « tout » ? Il est plus approprié de souhaiter ce qui nous convient et nous satisfait. Nous voulons ce qui est juste, ce qui nous appartient. Ainsi un instrument de musique qui est accordé et qui donne des sons harmoniques. Ni plus ni moins.

La question : qu´est-ce que l´on mérite ? Rien, absolument rien.

La vie, sa propre vie, est déjà le plus grand cadeau possible.

Les gens ont longtemps pensé que la vie signifie survie, s´efforcer d'être bon, de travailler, d´être honnête, intelligent et d´essayer d'obtenir ce que l´on veut.

Au cours des dernières décennies en Europe, les gens ont commencé à penser qu´ils avaient droit au bonheur. Et encore plus de bonheur. Et plus encore. C´est un développement qui correspond, entre autres, à l'activation du huitième chakra. Ce changement de perception est également lié à d'autres courants évolutifs. Malheureusement, ce bonheur est trop ancré dans le matériel, impliquant souvent une consommation ingrate et avec du gâchis. Un effet secondaire de cette tendance est le manque de conscience, ainsi qu'un penchant pour le gaspillage de biens et de services. L'égocentrisme et la vision étroite en font partie et ne laissent aucune place à la considération et à l'empathie pour les personnes exploitées, les animaux et les ressources naturelles. Comment voulez-vous être heureux avec cela ? Un besoin rempli chasse le suivant, cela ne suffit jamais : l'infinie spirale de dépendance a captivé le consommateur insatiable. La dépendance est une illusion de bonheur qui conduit au vide intérieur et au désespoir. C'est donc une imitation de bonheur, une déception qui fait partie de la déformation de la vérité et prétend améliorer la nature.

Néanmoins, être heureux n'est pas seulement un droit, mais un devoir. C'est un état naturel de bien-être, d'équilibre et de paix intérieure avec soi-même et le monde. Par-dessus tout, l'accomplissement est une expression du lien avec l'âme et un hommage au Divin. Cette définition contraste fortement avec la distraction à court terme de la cupidité. Il comprend toute la création : non seulement sa propre satisfaction, mais le bonheur de "tout ce qui est". Lorsque cette aspiration sou tend toutes nos actions, nous nous concentrons tout au long de la journée sur des objectifs plus nobles qui s'avèrent porteurs et nourrissants. Et par là, je n´entends pas les gentillesses superficielles, mais l´aspiration au bien suprême.

Non seulement l'homme est divin, mais il devrait encore être heureux. « C´est une utopie complète ! Irréaliste. Regardez-le monde, tel qu´il est ! »

Tout le monde prétend vouloir être heureux, n'est-ce pas ? Alors quelque chose ne va pas. Les forces de distorsion sont à l'œuvre. Pourquoi alors ? Et si l'homme cessait d'être une victime et un esclave qui nourrit de ses peurs, de son impuissance et de sa stupidité les énergies négatives, tordues ? Chaque jour, nous avons 24 heures pour faire autre chose, c'est-à-dire exercer notre conscience divine, porter notre dignité humaine, et nous honorer les uns les autres comme des êtres de lumière - ici et maintenant, pas quand l´âge d´or viendra ou quand nous serons au paradis. La terre est notre paradis : certains de nos voisins cosmiques nous envient pour cela.

Le monde est un reflet de notre façon de penser - ressentir. Grâce à notre perception intérieure, nous le façonnons et l´influençons, de manière plus profonde et plus vaste que nous ne le supposons. Nous sous-estimons notre responsabilité ainsi que notre capacité et notre compétence à organiser et gérer l´ordre du monde. Nous nous cachons dans une impuissance et une limitation qui nous est reflétée au dehors. Il est temps d'ouvrir les yeux et de percevoir qui nous sommes en tant que créateurs. Et d'agir. Mais avant de trop remuer, il s'agit de changer la perspective à l'intérieur. Toujours et encore. Cela signifie que nous sommes davantage en contact avec nos pensées et nos sentiments et donc avec notre conscience et avec les actions qui en résultent. Pour cela, nous avons reçu une vie qui nous porte ensemble de l'avant. Personne n'est parfait, c'est bien connu : nous sommes en train de nous exercer, nous sommes tous en cheminement, et nous n´avons pas atteint le but. Alors détendons-nous. Pour cela, restons dans le flux et atteignons l´objectif prochain d'autant plus aisément.

Maintenant, analysons quelques postulats. Les postulats sont des hypothèses qui ont fait leurs preuves par l'expérience. Ils ont purement une valeur empirique, même s'ils sont scientifiquement prouvés. Celui qui possède un instinct limité et le libre-arbitre reçoit le don de la pensée : c'est le dilemme de l'homme. Même nos pensées inconscientes et basiques façonnent la réalité, collectivement et individuellement. La métaphysique et la science sont même d´accord là-dessus depuis les années quarante du 20ème siècle, la nouvelle physique indique que l'observateur influence ce qui est observé. Ainsi, les atomes se transforment en ondes ou en particules, imprégnant le monde et la réalité.

Ensuite, nous considérons notre plus grand potentiel humain : notre capacité à penser, qui soi-disant nous distingue de l'animal. Qu'est-ce qu'on en fait, à part « Je dois aller à la banque aujourd'hui », « Mon patron veut...» « Ma femme ne veut pas... », « Le voisin... » « Je dois sauver ma peau... » ? Ce n'est pas penser, c'est une fonction de tête automatique. Nécessaire à la survie, pas plus qu'un instinct. Ensuite, vous devez remettre en question l'idée derrière les arrière-pensées : pourquoi et comment je pense ainsi ? Quel impact cela a-t-il sur ma santé, sur ma vie, sur mon environnement, sur mes semblables ? Quelle est la couleur de mon état d'esprit en ce moment ? Quel rythme maintient mes réflexions ? Quelle est leur fréquence ? À quoi ressemblent-elles ? Comment vibrent-elles dans l'espace et que produisent-elles ?

Serait-il possible d'influencer l'atmosphère de ma pièce à travers mon activité mentale ? L'environnement peut-il sembler plus lumineux, plus doux, plus affectueux, plus alerte selon ma pensée – ressenti ? Essayez-le : c'est un exercice de conscience gratuit. Il appartient à tout le monde et ne coûte rien. Offert par l'univers, en fait comme tout le reste.

Énergiquement, l'endroit peut être changé en un rien de temps, à travers un regard respectueux de la vie, par la force douce du cœur et autres sentiments et pensées édifiants. Leurs fréquences lumineuses et chaleureuses remplissent simultanément l'espace, les auras des personnes présentes et de tout ce qui est vivant.

Si nous utilisons consciemment et délibérément notre pouvoir mental pour notre espace privé, la prochaine étape est d´en imprégner également la topologie du paysage. Vous souvenez-vous du paysage, de ce dont nous avons parlé dans le chapitre précédent ? « La foi déplace les montagnes ». Oui, alors nous commençons à croire en nous, les êtres humains, non pas comme des marionnettes isolées et impuissantes, mais comme des êtres de lumière multidimensionnels baignant dans l´assurance universelle et connectés à tout ce qui vit. Pour l'instant, je préfèrerais laisser les montagnes où elles sont : il y a suffisamment d'autres choses à mettre à la poubelle ! À savoir, tout ce qui sépare, obscurci et divise l'homme de son existence divine.

Même les grands systèmes de surveillance s´intéressent à la puissance de la pensée, donc cela prouve qu´il y a de véritables ressources intéressantes : ils veulent découvrir l'origine des pensées et comment elles se développent. Ce serait bon de le savoir. On pourrait façonner et guider uniformément tout ce qui est pensant et pensé. C'est pourquoi ils épient constamment tout ce que vous pensez et comment vous pensez; pas seulement à des fins de marketing alléguées, comme on le prétend toujours. C'est l'explication pour les petites filles et les petits garçons naïfs. Ils veulent créer "une carte de votre esprit", une carte cognitive. Les matérialistes cherchent des pensées dans le cerveau. Qu´ils y fouinent en vain !

Une nouvelle topologie exige d'abord de nouvelles bases et des lignes directrices différentes. Nous pourrions réviser certaines idées :

- Pourquoi la lutte est-elle à l´origine de tant d'actions ? Au lieu de lutter contre le diabète : enlever le sucre qui rend malade et qui se trouve dans presque tous les produits alimentaires même où il n'est pas mentionné. Les substituts de sucres artificiels sont encore plus toxiques. La nature est riche en sucres nourrissants.

- La solidarité a été étudiée par l'un des plus grands théoriciens de l'anarchisme Pierre - Joseph Proudhon dans ses écrits philosophiques et scientifiques en relation avec l'empathie comme force de soutien entre les humains, les animaux et les plantes. Depuis, bien d´autre chercheurs ont fourni des études approfondies.

Intentions bienveillantes, serviabilité les uns pour les autres, compassion pour le sort d´autrui qui fait partie du même genre humain : ce n'est pas très exigeant, n´est-ce pas ? Non seulement cette attitude peut-elle sauver des vies, mais elle est l'une des expériences les plus enrichissantes de l'existence humaine : l'amour, l'affinité, le partage de l'amitié. Et étendre ces sentiments à d´autres êtres vivants, ce n´est pas demander trop ! Les animaux semblent d´ailleurs plus aptes à vivre l'amour inconditionnel que les humains.

Peut-être un mot sur le concept de "win-win", deux fois le mot gagner. Tout d'abord, il n'y a rien de nouveau, deuxièmement, pourquoi en anglais, troisièmement : il empeste le néolibéralisme. Nous faisons tous les deux des profits sur le dos de nombreux pauvres qui devraient être reconnaissants parce qu'ils ont maintenant un emploi et sont vaccinés - gratuitement, afin que l'industrie pharmaceutique puisse se débarrasser des vaccins qui ont dépassé la date. Win-win, Gagner - gagner est une copie de quelque chose qui existe dans l'univers comme condition de base. Dans la nature, tout est à l'origine parfaitement accordé l´un à l´autre : c´est ainsi que les genres travaillent ensemble et se complètent mutuellement. Bien-sûr, il s'agit que tous aient suffisamment : c'est la base de la vie. Il ne s'agit pas de se battre les uns contre les autres ou de faire la guerre. Ce sont des termes malades qui découlent de cerveaux dégénérés. Ils gâchent les motivations et les intentions de tant de gens qui voient la vie comme une compétition et un conflit continu. Ils se nichent dans leur esprit et leur corps malsains, ils abiment la terre et le vivant, et la vie sur terre. Mais ils n´y arriveront pas complètement. La lumière, l'amour et la vie sont indestructibles. Ils ne font qu´un. L´ordre cosmique est encore plus cohérent que « win-win » : il s'agit d'en faire le leitmotiv conscient de nos vies.

Nous n´irons jamais vraiment bien, tant que d'autres seront exploités, maltraités ou tués. Les nouvelles générations comprennent le sens de cette déclaration présente et se rendent compte que la topologie du paysage doit être redessinée de toute urgence. À cette fin, les soi-disant utopies doivent éclore afin de devenir réalité. Ces utopies ne sont pas nouvelles : elles appartiennent aux idées de ceux qui respectent et honorent la vie, contrairement aux forces destructrices et déformantes. Ce sont les principes fondamentaux de l'humanisme, de la vie consciente, de la santé, de l'écologie, de l'optimisme et de la confiance.

Assurance, beauté, paix, respect, authenticité, solidarité, sécurité : sans ces qualités, rien ne fonctionnerait sur Terre ou même dans le cosmos. Elles sont une expression de la lumière et de l'amour, et de ce qui porte ce monde. Ceux qui s'y opposent ne forment en fait qu'une petite partie du total, même s'il y a une volonté de provoquer la peur et se gonfler pour attirer l'attention. Plus la force de distorsion s´affaiblit, plus elle produit de l'agitation et de l´excitation. C´est exactement ce que nous vivons en ces temps. Nous ne devons pas l'oublier, sinon elle va essayer de nous captiver en nous rendant impuissant et désespéré. En fait, c'est un masque creux en carton.

Lorsque nous créons le nouveau paysage en nous et autour de nous, il est temps de laisser cette illusion s'estomper.

f) Prendre soin de soi

La connaissance de soi est la base, sur laquelle créer une nouvelle image de soi. L'acceptation de soi est essentielle afin de trouver une approche saine envers soi-même : il ne s'agit donc pas d'égocentrisme, ni d'auto-glorification, ni de narcissisme.

Percevoir l'unicité de la divinité à l'intérieur est un vrai défi dans une société qui est basée sur l´uniformité, l'adaptation, la critique, la rivalité, la punition et la comparaison. Il y a peu de place pour l'acceptation et le développement de prédispositions individuelles. Tout doit être rapide, et fidèle au système, sans faire de vague. Il est intéressant de voir comment le facteur temps est utilisé pour plier l'homme dans une forme et une attitude à adopter afin de s´encastrer dans l´uniformité générale, l´ordre et la loi. Au prix de sacrifier l´humain. La pression temporelle oblige certaines mères à traiter leur enfant ou certains personnel infirmier les patients avec dureté et...impatience. Le temps devient plus important que l´être. C'est inacceptable.

Ce principe piétine la cohérence naturelle qui se pose harmonieusement lorsque tous sont de bonne volonté et choisissent le bien commun en tout liberté et solidarité. Même si aucun individu n'a une vue d'ensemble, au fond de lui, il sait comment sa contribution correspond à la vue d'ensemble. Chaque pièce du puzzle s'adapte. Et l'image globale comprend et porte chaque particule.

Dans une société qui détruit de plus en plus ce mécanisme par des changements rapides mais surtout par le contrôle extérieur, la peur et la surveillance de masse, il est essentiel de concevoir soigneusement sa propre image de soi avant qu'elle ne soit déterminée par les forces étrangères.

Cela devient un art de répartir son temps consciemment malgré les distractions niaises et superficielles, qui tentent constamment de voler et de saper notre attention. Il s´agit de se réapproprier son temps et de décider à qui et à quoi nous voulons dédier notre vie.

Commençons par nous ancrer pour gagner une vue générale et nous poser quelques questions sur notre bien-être.

« Est-ce que je suis à l'aise dans l´instant présent ? »

« Ai-je besoin de plus de chaleur, de nourriture, d'exercice et ainsi de suite ? »

« De quoi ai-je besoin pour détendre un peu mon corps ? Mes doigts de pieds, mon front, mes mains, ma mâchoire, mon muscle cardiaque, par exemple ? »

« Que dois-je faire pour rendre mon état d´âme plus léger en ce moment ? Respirer profondément, rire ? »

« Où puis-je trouver en moi le confort, la force, la lumière ? Dans un sentiment apaisant dans le ventre, dans le cœur ? Quand je pense à un être cher ou un bel endroit ? En me concentrant sur mon image personnelle optimale ? »

« Où puis-je trouver la connexion et l´assurance protectrice, celle que je porte en moi, autour de moi et qui est présente dans tout ce qui est ? Dans une invocation, dans la prière, dans la visualisation de la lumière, en inhalant le prana, en étreignant un être bien-aimé ? »

« Suis-je nourrie et rassasiée à tous les niveaux de mon être ? Quel niveau n´est pas comblé dans cette phase de vie ? »

L'autodétermination et l'auto-conception ont besoin de liberté. On se la prend, même si ce sont des petits morceaux d'entre eux, ici et là et tout le temps. La liberté d'être. Elle permet également aux autres d'être eux-mêmes et de se rencontrer dans des relations authentiques les uns avec les autres. Le chemin de la liberté connecte directement au cœur et à l'authenticité. Rester fidèle à soi-même et rester fidèle aux principes fondamentaux de la vie exige, entre autres, que beaucoup de choses soient remises en question. Si la conscience nous ronge et l'éthique n´est pas respectée, quand le sens de responsabilité n´est pas compatible avec la situation, il faut entreprendre quelque chose et corriger le comportement inapproprié. On peut aussi tomber malade d´un conflit éthique.

La tâche est la suivante : « Prendre soin de soi, en harmonie avec le bien commun ». Le courage spirituel est certainement une vertu nécessaire sur le cheminement.

Une approche perspicace et respectueuse de soi est à assimiler à la pleine conscience et au respect envers nos semblables. Cela signifie aussi ne pas tolérer n´importe quelle bêtise et ne pas diminuer sa dignité pour vouloir plaire. Faire appel au Soi Supérieur personnel et à celui des autres, plutôt qu´aux étages inférieurs de l'ignorance, de la limitation et de l'auto-réduction.

Arrêtons d'insinuer à nous-mêmes et aux autres que nous sommes trop de ceci ou pas assez de cela. L'ensemble recherche, comme tout dans la nature, l'équilibre. Si l'un est censé être "trop cela", il force inconsciemment l'autre à être "trop ceci". Tout d´abord, la solution réside dans la poursuite de son propre équilibre. La balance doit être juste pour que tout le monde s´élève dans l´évolution.

La création de la nouvelle image de soi ressemble à un jeu d´équilibre entre l´exploration de l'univers intérieur, la connexion avec les autres univers représentés par nos semblables et avec l'univers supérieur. C'est l'une de nos tâches les plus importantes, comme être conscient, car elle imprègne toutes nos expériences de vie. Le moi dans sa totalité et dans son essence est ma contribution énergique à l'ensemble : j'ai une fréquence différente quand je traverse le monde de façon accomplie, que lorsque je me laisse opprimer par mon environnement ; quand je glorifie la souffrance, j´opprime autrui, etc. La combinaison de toutes les images de moi développées dans cette vie confère la qualité de cette incarnation. C'est précisément la vibration que je prends avec moi dans l'au-delà et celle qui continue à façonner le chemin là-bas, ainsi que le ton de la réincarnation ultérieure. Les connexions et la résonance de mon auto-conception -

consciemment ou inconsciemment - définissent mon chemin sur Terre comme au « ciel ». Parallèlement, la fréquence unique qui qui émane de notre personne constitue notre contribution à la conscience universelle, au grand tout.

Quelle est la couleur ou le ton de votre contribution à l'âme du monde ? Déprimé, confiant, anxieux, léger, curieux, conscient, porté par un sentiment de futilité ? Je souligne : il ne s'agit pas de l'humeur du moment, mais de la coloration générale de la vie actuelle. Il est normal de faire l'expérience d'une gamme variée d´état d'âme, de vivre de nombreuses situations émotionnelles. Cependant, il s'agit de certains schémas mentaux et émotionnels récurrents qui se répètent au cours de la vie et façonnent profondément l'identité personnelle unique. Cette identité attire à son tour des gens et des situations qui émettent des longueurs d´ondes qui se trouvent en résonnance. En outre, elle colore toutes les expériences comme une paire de lunettes colorées qui filtrent et nuancent à la fois les mondes intérieurs et extérieurs.

C'est une des raisons pour lesquelles nous voulons façonner notre image avec une intention claire et une conscience croissante. Nous connaissons la signification de notre existence en tant que particules divines, dans le micro et le macrocosme.

Une approche digne de soi correspond à une attitude révérencieuse envers la force cosmique, qui comprend, bien sûr, tous les êtres.

La haine de soi, la négligence de soi, agir contre sa propre conscience, vendre son âme, sont assimilés à un mépris de la lumière intérieure qui nous donne la vie et nous maintient en vie. Reconnaître et honorer notre unicité reflète l'honneur de l'unité dans la multiplicité.

Le fait que nous prêtions attention à l'homme divin à l'intérieur et que nous créions un espace avec cette intention se transfère à nos semblables et façonne nos relations interpersonnelles avec respect et acceptation - ainsi que toute relation avec le vivant.

Cela ne signifie pas que nous nous baladons avec un sourire doux-sucré naïf, comme c'est parfois le cas dans les cercles spirituels. Au contraire, il est courant de percer le voile, de questionner et d'élaborer une démarcation saine. Cela ne signifie pas que les conflits disparaissent mais nous les acceptons et nous les plaçons sous le microscope. Cela signifie que nous nous mouvons dans le monde les yeux ouverts et que nous regardons droit dans les yeux ce que nous ne voulons pas voir : ce qui est caché, ce qui est effrayant, ce que l´on pense être « normal » ou bien « l'ordre établi », et qui n'est, en fait, pas en ordre. Cela n´équivaut pas à une confrontation constante, cependant nous traitons les gens humainement et honnêtement. Par contre, on s'attaque clairement aux problèmes, aux mensonges et aux distorsions afin de les nommer par leurs vrais noms. "Soft on the people, hard on the issues" « Tolérant avec les personnes, efficace contre les problèmes. »

g) Se changer pour changer le tout

Nous savons que tout est connecté et que chaque « battement d'aile » nous influence, que nos pensées, nos sentiments et nos actions « résonnent » aussi dans le monde ou trouvent un écho. L'image de l'holographie et de la géométrie fractale nous aide à comprendre cette vue à travers une approche intuitive et picturale. On peut maintenant saisir l´interaction entre intérieur et extérieur, haut et bas, grand et petit.

De là, nous pouvons voir que chaque être dans sa dimension infime contient l'infini et contribue à l'infini. La conclusion est que chacun d'entre nous porte la responsabilité de sa contribution envers l'univers. Oui, cela fait une différence lorsque mon humeur de base est anxieuse, ignorante ou contrainte. Oui, cela fait une différence si je m'efforce d'ouvrir mon cœur, d'utiliser mon intelligence, de diriger mes actions vers le bien commun. Le premier effet du comportement quotidien concerne la personne même qui l'exprime consciemment ou inconsciemment. Le deuxième effet correspond à l´interaction avec le monde. Et la troisième conséquence est l'effet rétroactif sur la personne au point de départ, c´est le retour. Il y a une potentialisation par le fait que la fréquence individuelle est directement combinée avec d'autres champs morphogénétiques qui résonnent en conséquence. Le tout crée un effet cumulatif.

Pratiquement, cela signifie que plus les gens se concentrent sur l'impuissance, la passivité, la peur et les scénarii correspondants, plus l'espace créé est préparé pour les accueillir. Et donc, d'autant plus facile à ancrer dans la réalité. Plus les gens alimentent les scénarii de fin du monde, plus la force vitale est déformée. Par contre, plus les êtres humains développent leur divinité inhérente, plus ils deviennent autodéterminés et conscients, ce qui correspond au digne principe de l'évolution.

Nous ne sommes pas ici pour répéter les mêmes traumatismes encore et encore et pour maintenir des structures d'oppression, seulement en changeant le nom : toutes les "craties" aboutissent invariablement aux mêmes résultats. Il est temps d'aller de l'avant sur la voie de la conscience humaine ! Tout le reste en dépend.

La vue étroite, peuplée d'incertitude et d'ignorance, n'offre qu'une vision vague et myope du monde. Nous ignorons la question constante de l'univers : « Que veux-tu vivre ? » Le cosmos créatif attend la réponse humaine. La vieille recette résonne souvent : guerre, catastrophe, peur, malheur, fin du monde. Cela, c´est vieux depuis d'innombrables générations. N´y a-t- il rien de mieux à envisager que la répétition et la poursuite des structures de pouvoir, l'impuissance, les jeux de pouvoir ? La question est posée encore et encore, à chaque être humain et, dans une certaine mesure, à d'autres habitants de la terre, qui sont aussi animés et conscients - ne l´oublions pas. Souvent les personnes sont déprimées : elles ne comprennent pas la valeur de leur rôle pour rétablir l'ordre sur Terre à cette époque particulière. Inconsciemment, elles confirment leurs peurs, leur ignorance et l'incapacité de réinstaurer la vie sur terre, libre de chaînes dans une harmonie naturelle avec leurs semblables, avec d´autres êtres et la création. Elles se sont accoutumées aux schémas d'impuissance depuis si longtemps qu'elles ont oublié leur pouvoir créatif inhérent. Elles se laissaient mener par le nez et avalent tout, creusant davantage leur irresponsabilité et leur impuissance. Mais l'univers s'en tient à sa question : « Que veux-tu vivre ? » Il invite à une réponse pour que l'interaction entre son impulsion créatrice et la nouvelle création, la régénération humaine puisse démarrer. Les chances sont encore ouvertes pour créer quelque chose de nouveau.

La force créative universelle attend les réponses constructives. Beaucoup de peuples de l'espace se tournent vers la terre et sa population humaine et attendent les nouveaux scripts des Terriens.

Il est temps de nous libérer des vieilles chaînes, des structures de pouvoir manipulatrices et des schémas de peur restrictifs. Il est temps d'activer le potentiel divin – humain, son pouvoir et sa puissance, individuellement et collectivement, dans les affaires quotidiennes comme dans les domaines globaux. L'humanité a été réduite en esclavage assez longtemps : elle a renoncé à son pouvoir et est aliénée par des entités qui se nourrissent de sa peur et de sa souffrance.

Le drame est que les gens ont intériorisé le scénario de la peur dans la vallée douloureuse de la vie terrestre, le considèrent comme « normal » tout en continuant à le générer.

Simultanément et presque inaperçue par les médias, dissimulée et refoulée par les institutions dites officielles, l'illumination de la conscience a lieu sur terre. Elle ne peut être empêchée, peut-être un peu ralentie, si l'homme insiste sur son impuissance et son incompétence. Mais l'éternité a le temps. L'énergie suit le flux. Les lois cosmiques se déploient et agissent de façon aussi fiable que les lois telluriques, comme la gravité et autres. Si elles étaient enseignées à l'école, elles contribueraient à l'autonomisation et à l'illumination de l'humanité.

Quoi qu'il en soit, la conscience se déroule sur la planète Terre. D'une manière yin, elle progresse à l'intérieur de l'être humain, individuellement et à son propre rythme. Peut-être chaotique et imprévisible, la conscience grandit comme une grossesse subtile, avec la personne en mesure de façonner soigneusement la formation de l'être intérieur chaque jour. Les crises de la vie, les doutes, les rechutes dans les anciens modèles de comportement, les façons restrictives de penser et les images obsolètes reflètent les processus profonds de sensibilisation ainsi que les chances d'initier des changements approfondis.

Ne te crois surtout pas seul avec ton destin : agité et questionnant. L'idée que tu es seul et différent, que tout le monde va bien, est une illusion. Tous se posent des questions sur ce qui va se passer : c'est une bonne chose, car il est enfin possible que l'état de la terre change fondamentalement par une prise de conscience accrue. Prends-tu cette chance ou manques-la-tu ? Il s'agit de toi et de tous les êtres sur terre et autour de la terre. Dans le microcosme comme dans le macrocosme, du fond de l´être, en harmonie avec l'âme de l'individu et avec l'âme du monde. La pierre jetée dans l'eau crée des vagues en forme d'anneau qui entrainent tout l'étang dans son enthousiasme.

CHAPITRE 7 : RÉFLEXION FINALE

La conscience, les lois naturelles et l'évolution sont éternelles et illimitées : l'homme aussi en tant que microcosme. Si l'on perçoit au travers des jeux de pouvoirs déformants, on découvre un ciel bleu (sans chemtrail) et surtout la puissance inhérente, créatrice et divine.

De la transformation réussie et de la nouvelle image de soi qui en résulte, l'énergie puissante d'une conscience élargie entre en jeu, qui contient les graines de l'humanité éclairée sur la terre lumineuse.

L'âge d'or a déjà commencé en toi, en moi, en nous.

Références

Aurélienne Dauguet

Reiseführer zu deinen kosmischen Energien - Aura Entdeckung
(Le guide de vos énergies cosmiques)
(Découverte de l'aura)

Uniquement publié en langue allemande.

ISBN 978-3-944700-02-1 (livre de poche)
ISBN 978-3-944700-12-0 (livre électronique)

Tout ce qui vit a une aura.

Percevoir les énergies, les éclats subtils, fait partie du talent naturel des êtres vivants. La redécouverte ouvre une nouvelle vision de la vie quotidienne et de larges horizons.

Le livre "Guide de voyage de vos énergies cosmiques - Aura Discovery" emmène le lecteur dans un voyage de découverte dans les différents niveaux et dimensions de l'aura humaine.

Il contient des traités théoriques sur les différentes couches de l'aura, tels que le corps éthérique, le corps émotionnel ou le corps mental, ainsi que des exercices pratiques pour la bonne manipulation de l'aura.

En fin de compte, le livre devient lui-même un guide pour le lecteur.

Aurélienne Dauguet

AURATHERAPIE für ÄRZTE, THERAPEUTEN und interessierte LAIEN (AURATHERAPIE)
(Pour les MÉDECINS, THÉRAPEUTES et les laïcs intéressés)

Uniquement publié en langue allemande.

Aurélienne Dauguet

AURATHERAPIE

für
ÄRZTE,
THERAPEUTEN
und
interessierte
LAIEN

LEHRBUCH
und
PRAXISBUCH

ISBN 978-3-96051-055-0 (livre de poche)
ISBN 978-3-96051-056-7 (relié)
ISBN 978-3-96051-057-4 (livre électronique)

Ce livre se compose de deux parties:

Dans le manuel, l'accent est mis sur le fond théorique, sur l'aura ainsi que sur les différentes couches subtiles. Des approches énergiques de l'anatomie subtile sont envisagées. Les différentes pathologies de l'aura et leur redressement sont discutés en détail. L'accès clairvoyant au passé et à l'avenir, aux expériences incarnationnelles, aux soins prophylactiques de l'aura et à la chirurgie de l'aura sont présentés et intégrés dans le cadre thérapeutique.

La partie pratique contient des exercices qui forment les perceptions subtiles du thérapeute et sur des techniques qui maintiennent, protègent, clarifient, harmonisent et traitent l'aura dans ses dimensions variées. Elle contient également des témoignages qui soutiennent la théorie et la mise en œuvre de l'aurathérapie, ainsi que les inventions de l'auteur.

Aurélienne Dauguet

NOURRITURE LUMINEUSE

MA NOUVELLE VIE AVEC LE PRANISME

ISBN: 978-3-944700-07-6 (livre de poche)

ISBN: 978-3-944700-67-0 (livre électronique)

C'est le rapport sur le processus alimentaire à partir de la Lumière de l'auteure. Elle nous confie comment elle a réussi à passer de la nourriture « normale » à la nourriture basée sur les photons. Nous l´ accompagnons pendant la première année de sa nouvelle vie avec la nourriture de Lumière.

Cette description est authentique, terre-à-terre, claire et simple.

Le but de la contribution est de faciliter la compréhension et l'accès spirituel aux aliments légers humainement et de façon réaliste.

Je ne pousse et n´encourage personne à me suivre. Ce processus est purement interne, un appel de l'âme. Il n'y a rien à prouver ici et il n´y a personne à convaincre.

Pour l'auteure, la décision de se nourrir de Prana a été l'une des plus importantes de sa vie, avec la liberté d'arrêter la nourriture lumineuse à tout moment ou de la poursuivre à son gré.

Aurélienne Dauguet

L'Illusionniste

ou

d'aimer et de mourir

ISBN: 978-3-944700-20-5
(Livre de poche)

ISBN: 978-3-944700-50-2
(livre électronique)

Cette histoire vraie fournit des aperçus étonnants dans les contextes karmiques et les vieilles croyances qui montrent un comportement dépassé.

Sur le chemin de la Normandie pour des conversations spirituelles avec un auteur respecté, des connexions de plus en plus inattendues se révèlent.

Comme dans le kaléidoscope, divers destins se déroulent de l'Egypte antique à une promesse future, libératrice, lumineuse. Les résultats confrontent des états inacceptables et des modèles relationnels pour les transformer et les guérir sous le projecteur de la conscience.

Réflexions et capacités mentales sous-tendent chaque jour de votre séjour dans le nord de la France. Les principes éternels se démarquent du récit divertissant et donnent une compréhension plus profonde de sa propre vie, de sa mort et de son amour.

À propos de l'auteur

Aurélienne Dauguet (née en 1953 à Paris) a une forte capacité subtile de perception depuis sa jeunesse. D'abord infirmière (supplément psychiatrie), elle est aujourd'hui maitre de conférence dans les écoles de naturopathie Paracelsus en Allemagne et en Suisse. Elle enseigne entre autres l´aurathérapie, la radionique subtile, le processus du trépas d'un point de vue holistique, la guérison mentale et par les mains, etc.

L'offre pédagogique actuelle est disponible dans les écoles Paracelsus ou en s´adressant à l´auteure. Voir coordonnées.

Formation complémentaire : lithothérapie, aurathérapie, aromathérapie, essences florales, radiesthésie, radionique subtile (sans équipement), "Praticien radionique" selon la "British Radionic Association" et avec David Tansley, Aura Soma® formation avec Vicky Wall. Aurélienne Dauguet était une des toutes premières professeures à enseigner la chromothérapie d´après Vicky Wall.

L'enseignement et les séminaires sur le thème de l'aura ont lieu dans toute l'Europe.

Depuis une trentaine d'années, elle offre la lecture et le nettoyage de l'aura, des consultations, des séances individuelles, des leçons individuelles et un soutien à distance en allemand, anglais et Français, en personne comme par téléphone ou skype.

Si vous êtes intéressé, consultez les coordonnées. Contact:

Aurélienne Dauguet

Tel: 0049-(0)175 94 21 791 (uniquement par SMS s´il vous plaît)

aureliennedauguet@gmx.de